O Veneno da Serpente

Coleção Khronos
Dirigida por J. Guinsburg

Equipe de realização – Revisão de texto: Nanci Fernandes; Revisão de provas: Saulo Alencastre; Produção: Ricardo W. Neves, Heda Maria Lopes e Raquel Fernandes Abranches.

Maria Luiza Tucci Carneiro

O Veneno da Serpente
Reflexões sobre o
anti-semitismo no Brasil

 PERSPECTIVA

Direitos reservados à
EDITORA PERSPECTIVA S.A.
Av. Brigadeiro Luís Antônio, 3025
01401-000 – São Paulo – SP – Brasil
Telefax: (0--11) 3885-8388
www.editoraperspectiva.com.br
2003

SUMÁRIO

AGRADECIMENTOS 9

CRONOLOGIA 11

PRIMEIRA PARTE: OS FATOS

1. Anti-semitismo, Fenômeno dos Tempos Modernos 16
   I. Sob o Viés da Modernidade 16
   II. A trajetória do anti-semitismo no Brasil 19
   III. O mito como mecanismo de acusação 22
   IV. Vozes liberais e conservadoras 31
   V. A lenda do judeu errante 39

2. O Anti-semitismo Moderno no Brasil 46
   I. Espectros da intolerância 46
   Avanços e recuos do pensamento anti-semita 46
   O contradiscurso 50
   II. O mito da conspiração judaica 52
   O veneno dos *Protocolos* 52
   A multiplicação da mentira 55
   O código do Anticristo 57
   Metáforas anti-semitas 59

7

III. A Direita católica anti-semita no Brasil 68
A construção do perigo semita 68
Pregações católicas anti-semitas 74
Nazismo e anti-semitismo 92
Camisas-verdes anti-semitas 96
A imprensa anti-semita 109

3. O Estado Nacional e o Anti-semitismo Político 117
I. Códigos secretos 117
II. Tratados da ignorância 122
III. Reabilitando a imagem do judeu errante 129
Anti-semitismo e anti-sionismo 131
IV. O ovo da serpente 137

Considerações Finais 141

SEGUNDA PARTE: ELEMENTOS DO DOSSIÊ E
ESTADO DA QUESTÃO

Documentos 146
Querelas da Questão 158

FONTES 163

BIBLIOGRAFIA 169

AGRADECIMENTOS

Parte deste estudo resulta de uma pesquisa maior desenvolvida entre 1996-1997 e 1999-2000 com bolsa de pesquisa do CNPq. Muitas das obras e autores aqui relacionados compõem a futura publicação de um dicionário intitulado *Racismo & Racistas* cujos verbetes extrapolam a questão do anti-semitismo. Aproveito a oportunidade para deixar aqui registrado meus agradecimentos ao CNPq e a todos aqueles que, com documentos, textos e obras raras "pinçadas" em seus arquivos pessoais e em sebos, colaboraram com esta publicação.

Agradeço a atenção dispensada pelas instituições cujos acervos encontram-se aqui citados: *Central Zionist Archives*, Jerusalém (Israel) onde fui cordialmente atendida pelo historiador Haim Avni; Arquivo Histórico do Itamaraty (RJ), Arquivo Histórico da Bahia (BA), Biblioteca Nacional (RJ), Faculdade de Direito São Francisco/USP, Instituto Histórico e Geográfico do Rio de Janeiro (RJ), Biblioteca do Instituto de Filosofia e Ciências Humanas de Recife (PE), Centro Literário S. José, Seminário de Olinda (PE), Biblioteca Municipal Mario de Andrade de São Paulo (SP), Arquivo do Estado de São Paulo (SP), Museu Lasar Segall (SP), Arquivo Público do Paraná (PR) e Instituto de Estudos Brasileiros/USP (SP). Dentre as bibliotecas particulares, ricas em obras raras, cabe citar as de Jose Mindlin (SP) e Aref Claude Joseph Srour (SP).

Muitas das idéias aqui desenvolvidas foram aprimoradas durante os seminários e debates com meus alunos, pós-graduandos do curso *O Discurso da Intolerância* ministrado junto ao Departamento de História da USP entre 2000-2001. Documentos anti-semitas produzidos pela Polícia Política de São Paulo foram localizados com a ajuda dos pesquisadores do PROIN Arquivo/Universidade, sob a minha coordenação. Assim, agradeço particularmente aos alunos: Aparecida da Silva Oliveira, Beatriz Brusantin, Célia Maria Groppo, Lucia Silva Parra, Paulo Valadares, Rita de Cássia Machado, Rodrigo Rodrigues Tavares e Taciana Wiazovski. Agradeço também a Priscila Ferreira Perazzo e Fernanda Torres Magalhães que prontamente buscaram fontes para este estudo. De grande valia foram também as pesquisas desenvolvidas pelas historiadoras Beatriz Kushnir, Maria das Graças de Almeida Ataide e Silvia Cortez Silva.

Em especial, minha admiração e agradecimentos a Jerusa Pires Ferreira cujos textos, alguns ainda inéditos, foram gentilmente cedidos para a elaboração deste ensaio.

A Anita Novinsky que, incansável e instigante, continua a ser minha sempre mestra.

Ao Boris, companheiro de todas as horas, cujo diálogo permanente me instiga a refletir sobre o discurso da intolerância tão latente no cotidiano brasileiro.

CRONOLOGIA

O anti-semitismo no Brasil pode ser avaliado em fases distintas cujas características, muitas vezes, se superpõem:

1500-1774 "Anti-semitismo tradicional", de fundamentação teológica, herdado da Península Ibérica e caracterizado pela persistência do mito da pureza de sangue responsável pela distinção entre "raças infectas e raças limpas de sangue".
1774-1808 Retração do discurso anti-semita sustentado pelo Estado absolutista e Tribunal da Inquisição portugueses culminando com a diluição do mito da pureza de sangue.
1808-1860 Período de hibernação. Manifestações sutis e esparsas do anti-semitismo que circula, timidamente, via literatura romântica folhetinesca, cultura popular e doutrinação católica. Folhetins reafirmam a lenda do "judeu errante" presente no imaginário coletivo brasileiro; enquanto que textos teatrais atribuem ao cristão-novo a "máscara da falsidade" colocando em dúvida a integridade do personagem. É desta fase a peça *Antonio José, o Poeta e a Inqui-*

sição, de Domingos Gonçalves de Magalhães (1838).

1860-1916 Gestação do "anti-semitismo moderno". Obras européias introduzem no Brasil novas teorias racistas entre as quais o "darwinismo social", o "evolucionismo", o "arianismo" e a "eugenia" cujos princípios serão retomados na década de 30 e 40 sob a influência do ideário nazi-fascista. No teatro romântico-realista persiste a imagem dicotômica do judeu, ora negativa ora positiva.

1916-1932 Recuperação das idéias anti-semitas por parte do Estado e de intelectuais católicos de extrema-direita que, de forma assistemática, ensaiam regras para a elaboração de um projeto étnico-político em pról da higienização da raça brasileira.

1932-1937 Recrudescimento do discurso anti-semita pelos grupos da extrema-direita católica e integralista. Proliferação do discurso antijudaico através de obras integralistas, periódicos católicos e tradução de clássicos títulos do anti-semitismo europeu. Configuração, a partir de 1935, do mito da conspiração judaico-comunista inspirado nos *Protocolos dos Sábios de Sião*, *O Judeu Internacional*, *Mein Kamft*, dentre outros. Ganha espaço o discurso acusatório da demonização e animalização do judeu enquanto cidadão indesejável.

1937-1950 Radicalização do pensamento anti-semita adotado como instrumento de poder pelo Estado nacional. A questão judaica assume *status* político integrando o projeto étnico defendido pelas autoridades oficiais do Estado Novo. A adoção de circulares secretas e os baixos índices imigratórios referentes a entrada de judeus no Brasil comprovam a prática anti-semita por parte do governo Vargas e Dutra. A negociação de vistos para imigração fortalece a imagem "cifrada" do judeu identificado como sinônimo do capitalismo, o que lhe garante uma aceitação aparente por parte da sociedade. O preconceito persiste. No teatro, ganha espaço o personagem judeu/banqueiro que incorpora estereótipos do judeu agiota do século XIX.

1950-1980 Enfraquecimento do discurso anti-semita diante da institucionalização do princípio de que racismo é crime. Postura vigilante do Estado republicano, das associações e entidades judaicas nacionais e internacionais defensoras dos direitos humanos. Mesmo assim ocorre a profanação de túmulos em cemitério israelita de Curitiba entre set. out. de 1966, com precendentes neo-nazistas entre 1961-1963. No teatro moderno, o personagem judeu ganha um perfil positivo apesar da persistência de estereótipos em textos secundários da dramaturgia. Após 1966, peças do teatro contemporâneo rompem com as representações estereotipadas, atribuindo uma nova dimensão histórica e social ao personagem judeu.

1980-2001 Formação de gangues de *skinheads* que exaltam Hitler e instigam o ódio aos judeus, negros, homossexuais e nordestinos; publicação de obras revisionistas que negam o Holocausto e retomam visões históricas segregacionistas; reedição dos *Protocolos dos Sábios de Sião*. Propaganda anti-semita via Internet. Abordagem, pela grande imprensa, da crise do Oriente Médio gera imagens estereotipadas dos israelenses, tratados como representantes de um "povo sanguinário". A relação "sionismo/judaísmo" ganha tonalidade política ao alimentar versões estereotipadas contra os judeus que, apesar de definidos como "povo", são acusados de sustentar projetos imperialistas e de destruir aqueles que se opõem à continuidade de Israel enquanto Lar Nacional Judaico. Sob a máscara de que "sionismo é racismo", o veneno anti-semita volta à epiderme social comandado por vozes de extrema-direita e esquerda mal informadas.

PRIMEIRA PARTE:

OS FATOS

Capítulo I

Anti-semitismo, Fenômeno dos Tempos Modernos

I. Sob o viés da modernidade

O anti-semitismo no Brasil deve ser concebido como um fenômeno psicológico-cultural e analisado a partir das relações de interação/conflito entre judeus e não-judeus. Daí a preocupação em investigarmos as raízes desse fenômeno sob o viés da modernidade, da memória coletiva e da persistência dos mitos políticos. Ao detectarmos os momentos de ruptura – momentos de crise aguda em que os valores têm de ser (re)ordenados –, temos condições de avaliar o anti-semitismo diante de uma conscientização mais ampla, questionadora das estruturas mentais constituídas pelas visões de mundo herdadas de um passado remoto. Para compreendermos como e por que razão se processam tais mudanças mentais, precisamos estar atentos às "permanências" e "ambiguidades" dos discursos.

O anti-semitismo, por excelência, é plurifacetado, com capacidade para deformar realidades e de se metamorfosear como um camaleão. Mentira e dubiedade são componentes comuns aos discursos racistas, que transformam o ódio em normas que todos devem observar. E é sob a forma de discurso forjado que o anti-semitismo deve ser interpretado, diferenciando-se dos outros tipos de hostilidades manifestadas contra grupos étnicos ou minorias nacionais[1].

Neste estudo nos propomos a refletir sobre as manifestações do anti-semitismo moderno no Brasil, valorizando sua dinâmica histórica e observando suas singularidades expressas em distintos momentos. Como recorte temporal, optamos por concentrar nossa análise a partir da segunda metade do século XIX, período em que as teorias racistas gestadas na Europa foram endossadas por intelectuais brasileiros.

O fato do anti-semitismo não ter se manifestado no Brasil sob a forma de agressões físicas radicais e públicas não quer dizer que ele deva ser subestimado enquanto fenômeno social. O preconceito antijudaico pode variar desde o mais sutil sentimento de desconfiança e de desprezo até o mais violento ato de hostilidade física. Considerando o foco promotor desse ideário, é possível identificar correntes distintas do anti-semitismo moderno que, coexistindo num mesmo momento histórico, variam quanto aos seus fundamentos e intensidade. A mentira, o exagero, a generalização e a deturpação dos fatos históricos se fazem sempre presentes quando o intuito é atiçar o ódio contra os judeus[2]. Daí o emprego de múltiplos conceitos para se caracterizar o anti-semitismo como cristão, econômico, popular, científico, político etc.

Quando endossado pelo Estado, o anti-semitismo presta-se como instrumento político, tendo condições até mesmo de sub-

---

1. A palavra "anti-semitismo", de origem grega, foi empregada pela primeira vez em 1873, no panfleto *Der Sieg des Germanentum* (*A vitória do judaísmo sobre o germanismo*), publicado pelo agitador político alemão Wilhem Marr. Tanto as teorias defendidas pelo alemão Marr, como por outros intelectuais europeus, marcam uma fase decisiva no surgimento de novas tendências anti-semitas que, lentamente, vão compondo com o antigo antijudaísmo sem, entretanto, substituí-lo totalmente. Uma série de pressupostos baseados em juízos de valor foi criada por esses racistas que, manipulando elementos da moderna biologia, instigaram massacres de comunidades judaicas radicadas na Europa e ofereceram suportes para a aplicação de uma legislação discriminatória. Ver Anita Novinsky, "O Racismo e a Questão Judaica", in Lilia Moritz Schwarcz e Renato da Silva Queiroz (orgs.), *Raça e Diversidade*. São Paulo/Edusp; Estação Ciência, 1996, p. 8.

2. Joshua Trachtenberg, *El Diablo y los Judios: La Concepción Medieval del Judio y su Relación com el Antisemitismo Moderno*. Buenos Aires, Editorial Paidós, 1975, pp. 11-12.

sidiar um plano sistemático de extermínio por métodos científicos, como aconteceu na Alemanha nazista entre 1933-1945, fato único na história da Humanidade. No caso do Brasil, essa modalidade – do anti-semitismo político – existiu enquanto política de bastidores nos governos Vargas e Dutra, que desconsideravam os judeus enquanto "raça" desejável para compôr a população brasileira.

Múltiplas são as formas de exclusão que gradativamente fazem definhar as vidas humanas, dado o caráter processual da morte. Importante ressaltar que o governo varguista não chegou ao supra-sumo da exclusão – o de arquitetar um plano de extermínio de grupos étnicos –, mas colaborou, ainda que indiretamente, com a política anti-semita sustentada pelo III Reich ao impedir milhares de judeus de entrarem no país como refugiados políticos. As consequências decorrentes da prática das circulares secretas no Brasil ainda estão para ser avaliadas pela historiografia do Holocausto. Se a Solução Final foi a forma extrema encontrada pelos nazistas para tornar a Alemanha "limpa de judeus", nesse caso a política imigratória anti-semita sustentada pelos governos Vargas e Dutra deve ser considerada enquanto força reguladora da realidade étnica-política brasileira.

Em determinados períodos da História do Brasil, o anti-semitismo moderno expressou-se de forma quase residual e aparentemente desarticulado, diluindo-se ao nível da cultura popular e da doutrina católica; em outros, atingiu seu ápice concebido enquanto instrumento do poder político. Um fato é indiscutível: o anti-semitismo continua latente em toda cultura ocidental judaico-cristã, que nesta virada do século assiste a uma vigorosa reafirmação dos grupos de direita e dos grupos terroristas, ambos defensores de programas de exclusão e destruição pela violência.

No caso do Brasil, o pensamento antijudaico continua a ser endossado por segmentos religiosos, revisionistas históricos, grupos neonazistas, comunidades anti-sionistas e pró-palestinos, ameaçando a gestação de uma sociedade pluralista. Ao mascarar seus propósitos racistas e xenófobos, esses grupos se transformam numa porta de entrada para o pensamento extremista de direita que, desde a última década do século XX, tem conquistado adeptos na nova ordem mundial.

II. A trajetória do anti-semitismo no Brasil

Tanto o racismo como o anti-semitismo têm sido um tema polêmico e controverso, visto que a sociedade brasileira sempre apresentou resistências em tratar as relações raciais de forma isenta. Desinformação, interesses políticos de clãs familiares e pesquisas históricas superficiais têm fortalecido o senso comum, dificultando o exercício da crítica e o respeito às diferenças. Durante séculos convivemos com uma série de mitos sustentados pelo pensamento católico conservador, pela pseudociência, pelo Estado autoritário e, principalmente, pela ignorância que interfere no imaginário coletivo ao insuflar atos de intolerância. Nesse sentido, podemos nos referir a uma dinâmica histórica que, caracterizada por sua intensidade, dá ao movimento anti-semita brasileiro um perfil peculiar. Sob este viés – o da dinâmica histórica – nos defrontamos com conceitos de continuidade e ruptura que, de acordo com os estudos da História das Mentalidades, se inscrevem nos tempos de longa duração, análise indispensável para a percepção de diferentes nuances. Daí a preocupação em investigarmos as raízes do anti-semitismo no Brasil enquanto fenômeno dos tempos modernos.

Ao detectarmos os momentos de ruptura, priorizamos o período da modernidade delineado pelo progresso tecnológico, a ciência como evidência, o debate das idéias filosóficas e a extensão do direito de cidadania às minorias étnicas. Daí a necessidade de remetermos nossa análise à história da cultura e das idéias políticas na Europa para caracterizarmos o anti-semitismo no Brasil, cuja intensidade oscila em decorrência de uma série de fatores: o processo de emancipação dos judeus da Europa Central e Ocidental, a proliferação das teorias racistas, os fluxos/refluxos da emigração judaica e os avanços/recuos dos grupos identificados com o pensamento da direita.

O processo de emancipação dos judeus e a proliferação dos movimentos anti-semitas na Europa coincidem, no século XIX, com o rompimento do velho sistema colonial que, sob o impulso do liberalismo, levou as colônias americanas a se libertarem de suas metrópoles. As mesmas idéias liberais – que fomentaram na Europa o debate e o direito que todos os indivíduos têm de serem reconhecidos e tratados como iguais perante a lei e a justiça – também aceleraram, na América, o fim da escravidão, suscitando novas categorias de cidadãos. Assim, as últimas décadas do século XIX podem ser consideradas como um momento de grandes transformações que, registradas ao nível das mentalidades, repercutiram no mundo da técnica, da cultura e das ciências biológicas e naturais.

Preocupado com a cultura e o saber, o homem europeu buscou o aprimoramento científico e a divulgação dos conhecimentos, sobretudo na área da Biologia, da Sociologia e da Antropologia. Tais avanços permitiram a formulação de novas teorias de exclusão que instigaram, no decorrer da segunda metade do século XIX e primeira metade do século XX, o recrudescimento de uma mentalidade anti-semita. A leitura deformada dos progressos da ciência biológica durante o século XIX ofereceu aos anti-semitas os argumentos que lhes faltavam para descaracterizar o judaísmo como religião e para classificar os judeus como raça. A estreita ligação cultural e política que persistia entre o Brasil e os países europeus, principalmente a França, facilitou a entrada e a circulação de clássicas obras racistas, que passaram a ser consumidas pelos intelectuais brasileiros como paradigmas de civilização.

No Brasil, a abolição da escravatura e a passagem do regime monárquico para o republicano não ofereceram aos negros melhores condições de vida e oportunidades de trabalho. Da mesma forma que, na Europa, a configuração do sistema de Estados nacionais – que havia garantido a emancipação dos judeus da Europa Central e Ocidental – não impediu o recrudescimento do anti-semitismo. Percebemos que um mundo de ilusões estabeleceu-se em meio a realidades marcadas por contradições radicais implícitas numa dupla situação: de igualdade perante a lei e de persistência de uma sociedade baseada na desigualdade do sistema de classes.

Na virada do século XIX para o XX, intelectuais, políticos, bacharéis, clérigos, jornalistas e governantes brasileiros saíram em busca de teorias que os ajudassem a "pensar" a nova realidade nacional. Com algumas décadas de atraso em relação à Europa, as idéias positivistas, darwinistas, evolucionistas e arianistas entraram para a ordem-do-dia, sugerindo soluções que acelerassem o branqueamento da população e eliminassem os ranços da Monarquia. A combinação de várias correntes liberais favoreceu o debate sobre a imigração e políticas públicas, polarizando as opiniões acerca da modernização; postura típica de uma sociedade ambígua, cheia de dúvidas acerca de quem seria o homem ideal para compor a população.

O recrudescimento do anti-semitismo na Europa repercutiu no fluxo da imigração judaica para o Brasil que, desde os tempos imperiais, vinha atraindo pequenas levas desses imigrantes, distintos por suas nacionalidades. Decepcionados com os seus países de origem, esses judeus aventuraram-se por terras desconhecidas em busca de melhores condições de vida, momento que coincide com a entrada no Brasil de judeus alsacianos, marroquinos, russos, ingleses e poloneses. Num movimento contínuo e lento, esses grupos fomentaram as primeiras comunidades judaicas modernas no Brasil.

Foi nesse contexto, de fermentação social e política, que as teorias racistas encontram campo propício para proliferar no Brasil, favorecidas pela persistência do pensamento conservador e católico que não via com bons olhos o liberalismo, o judaísmo, o capitalismo, o socialismo e o anarquismo. E o que faz o anti-semita? Ele traduz o lado ruim da modernidade através da imagem fantasmagórica do inimigo (no caso o judeu), interpretado como o Outro, símbolo do "estranho". Daí o capitalismo especulativo ser um solo fértil para as manifestações anti-semitas de fundamentação econômica, insuflando *pogroms*, como o que aconteceu na Amazônia em 1901. Aliás, a correlação judeu explorador/dinheiro é secular, estando profundamente arraigada na memória coletiva, tanto do homem europeu como do americano. Se recuperarmos a literatura anti-semita que circulou na Europa e América desde o final do século XIX, constataremos que à imagem do judeu parasita e capitalista somou-se a imagem de grupo destituído de território e governo próprios, elementos de reforço para o conceito de judeu errante e, posteriormente, de apátrida.

Avaliado sob o olhar da cultura ocidental-cristã, o imigrante judeu (ainda que branco, europeu) foi se transformando na figura do estrangeiro indesejável que, ao longo da primeira metade do século XX, acumulou estigmas. As deficiências que lhes eram até então atribuídas transformaram-se em elementos vectores da assimilação, nem sempre visíveis ou materializáveis. O fato do estrangeiro ser considerado, por tradição, como aquele que é um viajante em potencial, que vem de fora ou que peregrina sempre, favoreceu a identificação do imigrante judeu com a de um estrangeiro inassimilável. Ao se posicionar contra aquele que é diferente (por sua raça, religião ou cultura), a sociedade favorece a composição de comunidades fechadas. Essa realidade se prestará, nos momentos de (re)ordenação dos valores, como elemento de sustentação para as "teses do enquistamento" e da "infusibilidade", a exemplo do que aconteceu com os judeus, japoneses e alemães radicados no Brasil.

III. O mito como mecanismo de acusação

Uma das possibilidades de análise do anti-semitismo moderno no Brasil é de avaliá-lo enquanto discurso acusador cuja linguagem encerra uma situação de antagonismo entre dois grupos distintos por suas posições: quando aquele que discrimina assume uma posição nuclear mascarando seus verdadeiros intentos através da mitificação do "sangue puro"; e, do lado oposto, quando os judeus e seus descendentes são avaliados como escórias e definidos como portadores de atributos negativos (marcas físicas, morais, ideológicas etc). Tais estigmas vão sendo reforçados, ao longo do tempo, por uma série de mitos cuja dinâmica merece ser considerada: o mito do herege, do judeu errante, da pureza de sangue, do ariano superior etc[3].

Valendo-se do conceito de alteridade enriquecido por uma linguagem metafórica, o grupo anti-semita manipula informações de forma a camuflar seus interesses políticos, econômicos, e sociais. Para o caso do Brasil basta avaliarmos os discursos oficiais e da grande imprensa, a ação catequética católica e os tratados racistas redigidos pela elite intelectual brasileira. Através desses registros é possível percebermos como as mentes eram

---

3. Sobre estas questões ver Leon Poliakov, *O Mito Ariano*, trad. Luiz João Gaio. São Paulo, Perspectiva, 1974; Raoul Giradet, *Mitos e Mitologias Políticas*, trad. Maria Lucia Machado, São Paulo. Companhia das Letras, 1987; Norman Cohn, *Histoire d'un mythe: La "Conspiration" juive et les Protocoles des Sages de Sion*, trad. Leon Poliakov. Paris, Gallimard, 1967; Pierre-André Taguieff, *Les Protocoles des Sages de Sion: Introduction á l'étude des Protocoles un faux et ses usages dans le siècle*. Paris, Berg International Editeurs, 1992, vol. 2; Anatol Rosenfeld, *Mistificações Literárias: "Os Protocolos dos Sábios de Sião"*. São Paulo, Perspectiva, 1976 (Coleção Elos).

forjadas a partir de um saber orientado pelos centros europeus reprodutores do conhecimento. Durante toda a primeira metade do século XX, um pseudo-saber foi sendo construído de forma a legitimar o poder daqueles que, por algum interesse, insistiam na idéia de que os judeus eram uma "raça" indesejável. Rico em estigmas de marcas física e de caráter, este discurso colaborou para a composição de uma imagem deformada do judeu delineado como uma figura antiestética e anti-social. Até 1950, o judeu foi caricaturizado como um personagem de nariz adunco, pés chatos, barbudo, sujo e ridicularizado por seu sotaque estrangeiro. Na atualidade essa imagem se faz alterada pela presença marcante do judeu ortodoxo visualizado pela comunidade católica como um estranho à realidade urbana brasileira. O senso comum ignora a existência de uma comunidade judaica assimilada e multicultural que, como tantos outros grupos minoritários, convive com a velhice, a depauperização e a violência.

Com limites cronológicos distintos, o mito – seja da "pureza de sangue", da "superioridade das raças", da "danação" ou da "conspiração judaico-comunista" – é rico em imagens mentais e visuais estimuladoras de atitudes intolerantes. Sob a forma de símbolos e ressonâncias afetivas (ódio, repulsa, agressão física), o mito político alimenta uma visão de futuro que, no caso do anti-semitismo, encontra-se comprometido pela presença (real ou fictícia) dos judeus. É quando o grupo discriminador se apodera da denúncia dos complôs maléficos explorando o imaginário popular carente de explicações para seus problemas imediatos.

O mito da pureza de sangue, de fundamentação teológica, pode ser detectado no Brasil desde os tempos coloniais e tem suas raízes na Península Ibérica. Atrelado ao projeto político-econômico do Império Colonial português – que, entre 1580 e 1624, esteve subjugado à Coroa espanhola –, o mito da pureza de sangue incitou as perseguições aos cristãos-novos radicados no Brasil[4]. Expressando-se através de diferentes nuances e intensidades, o conceito de raça limpa e raça infecta persistiu até 1774, sendo alterado em decorrência da política ilustrada do Marquês de Pombal, ministro de Dom José I. A distinção pelo sangue foi proibida por um conjunto de leis promulgadas por Pombal entre

---

4. Detalhes sobre essa questão encontram-se em nosso estudo *O Preconceito Racial em Portugal e Brasil Colônia*, 2ª ed. São Paulo, Brasiliense, 1994.

1768-1774, dentre as quais destaca-se a Carta-Lei de 1773, que proibiu o emprego das expressões cristão-novo e cristão-velho, ditas ou escritas. Todos aqueles que usassem tal distinção incorreriam em penas de açoites, degredo e perda de títulos e privilégios. Essas iniciativas repercutiram no cotidiano das colônias portuguesas, inclusive do Brasil que, no século XVIII, teve cerca de 2.500 cristãos-novos denunciados e presos junto ao Santo Ofício[5].

Apesar das imposições legais pombalinas, o ódio aos judeus não desapareceu. Sua imagem continuou a se projetar segundo o olhar quinhentista: abstrata, individualizada, estigmatizada. O conceito de que os cristãos-novos (homens-da-nação, descendentes de judeus) eram "gente misteriosa e tenaz, acusada de parasitismo, sacrilégios e heresias", foi recuperado e readaptado pelo moderno anti-semitismo, somando forças ao anti-semitismo cristão. Heranças da velha metrópole portuguesa sobreviveram no cotidiano do povo brasileiro que, ainda que de forma inconsciente, continuou a confundir, em muitas situações, "judeu de sinal" com o "homem da raça mourisca", determinando uma identidade irmanada: a do judeu-mouro ou do judeu-turco[6].

Com a abertura dos portos brasileiros às Nações Amigas em 1810, proibiu-se a perseguição aos súditos ingleses de outras religiões e, por interesses comerciais e pressões políticas, minou-se o poderio da Igreja, cristalizado há séculos no Brasil. Apesar dessas transformações, as elites intelectual e política bra-

---

5. Segundo pesquisas de Anita Novinsky e Lina Gorenstein, a grande maioria destes cristãos-novos foram presos e denunciados até 1750, ou seja, antes do período pombalino. Metade destes, segundo nome a nome registrados no Santo Ofício, encontravam-se radicados no Rio de Janeiro e o restante em Minas Gerais, Bahia, Paraíba, Pernambuco e Goiás, estimativa que, segundo as autoras, representa um mínimo, visto que muitos cristãos-novos escaparam das perseguições inquisitoriais. Calcula-se que esses cristãos-novos representavam 25% da população livre do Rio de Janeiro. Lina Gorenstein Ferreira da Silva, *Heréticos e Impuros: A Inquisição e os Cristãos-novos no Rio de Janeiro, Século XVIII*. Rio de Janeiro, Secretaria Municipal de Cultura, Departamento de Documentação e Informação Cultural, Divisão de Editoração, 1995; Anita Novinsky, *Inquisição: Prisioneiros do Brasil: Séculos XVI-XIX*. Rio de Janeiro, Expressão e Cultura, 2002.

6. Sobre esse tema ver Câmara Cascudo, *Mouros, Franceses e Judeus. Três Presenças no Brasil*. São Paulo, Perspectiva, 1984 (Coleção Debates).

sileiras continuaram seduzidas pela cultura européia, avaliada como paradigma de civilidade. O acelerado processo de laicização e modernização da sociedade brasileira transformou o Brasil num espaço sedutor para os imigrantes interessados em se aventurar pelos trópicos. Mas cabe ressaltar que nem todas as raças e religiões eram bem vindas para compôr a identidade nacional.

Com a aprovação do artigo 5, título I, da Constituição de 1824, permitiu-se o culto de outras religiões no Brasil, apesar da religião Católica Apostólica Romana continuar a ser a religião oficial do Império. Limites foram impostos. As práticas acatólicas deveriam se restringir ao interior das residências, que não poderiam externar qualquer forma estética que as identificasse como mesquitas, templos luteranos ou sinagogas. Tais exigências, no entanto, não desestimularam a imigração de judeus provenientes da Lorena, Rússia, Dinamarca, Portugal e Inglaterra que, instalados em diferentes regiões do país, deram origem às primeiras comunidades judaicas modernas no Brasil. Muitos optaram por morar na Capital do Império, misturando-se à elite de fala portuguesa e à massa de negros escravos, recompondo, diariamente, o visual citadino; outros preferiram radicar-se em São Paulo, Salvador, Curitiba, Amazônia.

Esse processo de integração e assimilação dos judeus à sociedade brasileira não impediu a circulação de idéias anti-semitas, ainda que de forma dispersa e desarticulada. Invocando tradicionais elementos doutrinários, intelectuais e eruditos, contribuíram para a sobrevivência de estigmas contra judeus e mouros. Essa simbiose reaparece em uma das letras que acompanhavam a música do *Hino ao Grande e Heróico Dia 7 de Abril de 1831* (posteriormente conhecido como *Hino Nacional Brasileiro*), composto por Francisco Manuel da Silva (1795-1865) para celebrar a abdicação de D. Pedro I.

A letra original, de autoria de Ovídio Saraiva de Carvalho e Silva (?-1852), deve ser interpretada como um índice expressivo da mentalidade intelectual brasileira, que não conseguia desvencilhar-se dos laços anti-semitas herdados do nosso passado colonial. As estrofes são construídas de forma a identificar os portugueses como "homens bárbaros, gerados de sangue judaico e mouro", verdadeiros "monstros" que preparavam "mil planos de proscrição" para o Brasil: ferros, grilhões e forcas. Adjetivos qualificativos são empregados para compor o caráter desses "monstros-lusos" descritos como "traiçoeiros", "confusos", "ingratos à bizarria" e "invejosos do nosso talento". A tradicional trama "ouro/judeu", aventada pelo anti-semitismo tradicional, emerge em uma das estrofes, expressão-símbolo da mediocridade, espaço fértil para a proliferação do racismo:

> Ingratos à bizarria,   Homens bárbaros, gerados
> Invejosos do talento,   De sangue judaico e mouro
> Nossas virtudes, nosso ouro,   Desenganai-vos: a Pátria
> Foi seu diário alimento. Já não é vosso tesouro[7].

Nesse discurso intolerante contra os judeus no Brasil, mantém-se a versão secularizada herdada das superstições medievais e da doutrina católica. O conceito de limpeza de sangue – até então empregado para definir a pureza de linhagem de um autêntico cristão-velho, sem "casta de mouro ou judeu" (puro *sanguine genitus*) – foi reaproveitado para avaliar as qualidades negativas do português colonizador. Coloca-se em dúvida a integridade do seu caráter estigmatizado por intenções interesseiras e atos violentos. Essa imagem distorcida do judeu como um homem bárbaro, ingrato, falso e hipócrita será retomada no século XIX e XX em várias peças teatrais que, além de dotar o personagem cristão-novo de poderes sobrenaturais, o associam ao demonismo e à feitiçaria[8].

No contexto da dramaturgia e da literatura dos séculos XIX e XX, o judeu – assim como o negro – é sempre tratado como o "outro", diferenciando-se do homem comum por suas qualidades e comportamentos divergentes. Expressiva dessa postura é a publicação, em 1861, do drama *Sangue Limpo*, de autoria de Paulo Eiró (1836-1871), um dos primeiros textos do romantismo brasileiro a denunciar, no Brasil, o complexo de inferioridade do mulato. O valor da narrativa encontra-se na interpretação

---

7. Letra do Hino ao Grande e Heróico Dia 7 de Abril de 1831, de Ovídio Saraiva de Carvalho e Silva, *apud* Odilon Nogueira de Matos, "O Hino Nacional Brasileiro (A Propósito do seu Sesquicentenário)", in *Revista do Instituto Histórico e Geográfico de São Paulo*, vol. LXXVIII. São Paulo, 1982, pp. 24-41. Documento cedido por Paulo Valadares, a quem agradeço.

8. Sobre este tema ver: Maria Augusta Toledo e J. Guinsburg, "A Máscara do Judeu no Teatro Brasileiro", in J. Guinsburg, *Diálogos sobre Teatro*, Armando Sérgio da Silva (org.). São Paulo, Edusp, 1992, pp. 25-55.

que o autor dá ao drama, protagonizado por um jovem fidalgo e uma jovem parda, vítimas de um preconceito secular. O conceito de sangue infecto, extensivo também aos descendentes de judeus, emerge no dialógo entre Rafael (irmão da jovem mestiça) e o fidalgo, que o interrogara acerca da pureza do seu sangue. A reação de Rafael é exemplar das sequelas deixadas pelo mito da pureza de sangue, que atribui aos infamados (negros, mouros, mulatos e judeus) qualidades depreciativas como a desonra, o descrédito, a ignomínia: – "Sou filho de um escravo e que tem isso? Onde está a mancha indelével?"[9].

Percebemos que, nesse momento, o foco da infâmia dirigia-se para o negro em vias de obter sua liberdade. A figura estigmatizada do cristão-novo, por sua vez, foi sendo substituída pela imagem do judeu que, em consequência da eliminação do aparelho repressor inquisitorial e das regras punitivas impostas pela legislação pombalina aos atos intolerantes, pode assumir publicamente sua identidade. Tal alteração deve ser também interpretada como decorrente da expansão dos ideais de igualdade e cidadania que permitiram, nos séculos XVIII e XIX, a emancipação dos judeus na Europa. Uma parcela desses judeus europeus, ainda que ínfima, emigrou para o Brasil atraída pelas oportunidades de vida oferecidas com a transferência da Corte Portuguesa para o Rio de Janeiro em 1808[10].

No final do século XIX, a exploração da borracha, do cacau e de especiarias na região amazônica prestou-se como atrativo para os imigrantes judeus originários do Norte da África (Marrocos francês, árabe, espanhol e da cidade livre de Tânger). Fugindo da crise econômica e da intolerância, jovens judeus marroquinos embarcaram nos vapores da *Mala Real Inglesa*, radicando-se nos estados do Amazonas e do Pará, mesmo antes do grande ciclo da borracha, conhecida como "ouro negro" do

---

9. Paulo Eiró, *Sangue Limpo*, 2ª ed., prefaciada por Jamil Haddad. São Paulo, 1949; Alfredo Bosi, *História Concisa...*, op. cit., p. 170. Ver "Estudo de Vocabulário", in Maria Luiza Tucci Carneiro, *Preconceito Racial em Portugal e Brasil Colônia*, 2ª ed. São Paulo, Brasiliense, 1988, pp. 266-271.

10. Calcula-se que, entre 1881-1900, entraram no Brasil cerca de 1.000 judeus, de um total de 1.654.101 imigrantes em geral. Entre 1901-1914 este fluxo aumentou para 8.750 judeus, de um total de 1.252.678 referente a imigração geral. Cf. Jeffrey Lesser, "Apêndice 2" in *A Questão Judaica: Imigração, Diplomacia e Preconceito*. Rio de Janeiro, Imago, 1995, p. 316.

Brasil. Com o objetivo de atender ao grande fluxo de imigrantes para essa região, a *Companhia Italiana Ligure Brasiliana* mantinha uma linha de navios, cujo trajeto era Gênova, Marselha, Tânger, Lisboa, Belém e Manaus.

Um mosaico de profissionais israelitas foi, lentamente, integrando-se à realidade brasileira, adaptando-se aos hábitos e ao clima dos trópicos. A Inquisição, o criptojudaismo e a figura estigmatizada dos marranos ficaram para trás como parte de um passado de intolerância, ainda que recente; o que não quer dizer que não deixaram sequelas. Com o tempo, esse gérmen produziu frutos envenenados, visto que a sociedade brasileira sempre reservou espaço para um projeto racista, anti-semita na sua essência. Como exemplo, podemos citar o teatro brasileiro, cujos textos continuaram a explorar, ao longo dos séculos XIX e XX, a idéia do deicídio cometido pelos judeus, a "máscara de falsidade" como habitual dos personagens cristãos-novos, além de lhes atribuir profissões estereotipadas.

O personagem judeu é sempre representado por um prestamista-usurário, joalheiro, comerciante, banqueiro e cientista em detrimento de outras profissões liberais exercidas por eles junto à economia brasileira. Este é o tom sustentado pelas peças teatrais de *O Usurário*, de Luis Carlos Martins Pena, *Meia Hora de Cinismo*, de França Junior, *A Jóia*, de Artur Azevedo, *A Vingança do Judeu*, de Augusto Vampré, *O Bassê*, de J. Maia e *A Morte de Samuel Klaus*, de Olavo de Barros[11].

O Brasil, então sob a maestria de D. Pedro II – o imperador amigo dos judeus e precursor dos estudos judaicos no país – havia ingressado no tempo da modernidade adotando a ferrovia, a telefonia, a iluminação elétrica e os paradigmas da moderna ciência européia. Mas, no rastro do progresso emergiram, como na Europa, os novos conceitos racistas que, no século seguinte, se prestariam para dar sustentação ao anti-semitismo político. Em meio a essa bagagem vieram folhetins, romances e tratados de intolerância que atendiam a elite ilustrada brasileira, refinada e ávida de novidades que lhes garantissem o *status* de casta superior.

Durante o Império brasileiro, raros são os registros de atos públicos discriminatórios contra os imigrantes judeus radicados,

---

11. Maria Augusta Toledo e J. Guinsburg, *op. cit.*, p. 39.

principalmente, nas províncias do sul e no norte do país. Esporádicas ocorrências anti-semitas podem ser detectadas em notícias de jornais cariocas que, a partir de 1860, estranhavam estes novos "sectários que praticavam doutrinas nada orthodoxas". Reuniões da maçonaria eram confundidas com ritos israelitas comandados por um líder que, com grande eloquência, recrutava seus adeptos entre "todas as nacionalidades e côres"[12].

Neste contexto, a imagem obscura do judeu e do judaísmo foi sendo atrelada à presença do estrangeiro e à prática de outras religiões que não a oficial, católica. Em 13 de agosto de 1861, o *Diário do Rio de Janeiro* caracterizou como "perigosa" a excitação causada por uma "sinagoga" estabelecida na rua do Propósito, no bairro da Gamboa. Comentava-se que, apesar da intervenção da polícia, persistia nos "espíritos" uma certa agitação. Ainda que ali funcionasse a Igreja Fluminense – congregação evangélica fundada pelo escocês Robert Reid Kalley, em 1858 – e seus frequentadores fossem cristãos evangélicos, uma multidão de duzentas a trezentas pessoas posicionou-se à frente da dita casa gritando: "...deve-se dar cabo aos judêos..."[13]

Aplicadas à realidade brasileira, as teorias racistas se prestavam muito mais para justificar a exclusão do negro e do mulato avaliados como tipos indesejáveis para compor a população brasileira do que para incitar o ódio aos judeus. Quando isso aconteceu, se fez de forma esporádica, fato que não exclui a leitura de libelos anti-semitas por parte da intelectualidade educada segundo padrões da cultura européia e da religião católica. Desde a última década do século XIX é comum encontrarmos nos jornais brasileiros propaganda de clássicas obras racistas como, por exemplo, *L'Antisémitisme*, de Cesare Lombroso (1835-1909), anunciada na coluna "Catálogo de publicações novas" do periódico *A Bahia, Orgam do Commércio de Salvador*, em 4 de outubro 1899[14].

---

12. *Diário do Rio de Janeiro*, 9 nov. 1860; 11 ago. 1861, *apud* Egon e Frieda Wolff, *Os Judeus no Brasil Imperial*. São Paulo, Centro de Estudos Judaicos/FFLCH/USP, 1975, pp. 7-9.

13. *Diário do Rio de Janeiro*, 13 ago. 1861, *Jornal do Commercio*. Rio de Janeiro, 15 ago. 1861 *apud* Egon e Frieda Wolff, op. cit., p. 8.

14. "Catálogo de Publicações Novas". *A Bahia, Orgam do Commércio de Salvador*, 1899. APEB; Cesare Lombroso, *L'Antisémitisme*. Traduit de la 2ᵉ édition italienne par A. Marie et M. Hamel; avec une preface de Paul Brousse. Paris, V. Giard & Brière, 1899. BFDSF/USP.

Em 1901, tumultos de caráter anti-semita ocorreram na região amazônica quando pequenos grupos de judeus, sediados na região do rio Tocantins, foram atacados por grupos locais acusados de "prejudicar os interesses comerciais". Agitadores contrários à presença judaica em Cametá, Bragança e arredores, saquearam estabelecimentos comerciais e ameaçaram a integridade física de seus proprietários israelitas. Nas periferias do mundo moderno, este *pogrom* eclodiu movido por questões econômicas aguçadas pelo estereótipo de que os judeus envolvidos com o comércio da borracha eram "desleais". O objetivo imediato era de expulsar os judeus daquela região que, segundo interpretação dos proprietários de regatões e comerciantes locais, estariam concorrendo com aqueles que dominavam o mercado fluvial do "ouro negro". O registro deste incidente – que envolveu pilhagem cometida por cidadãos civis armados – deve ser avaliado como um antecedente remoto da "questão judaica" que, nesse momento, ainda não despontava como problema político para o Estado republicano[15].

Das últimas décadas do século XIX até final da I Guerra Mundial, os imigrantes judeus – radicados nos grande centros urbanos e nas áreas de colonização da ICA no Rio Grande do Sul – tiveram a oportunidade de se organizar enquanto comunidade. Apesar das diferenças ditadas pela tradição católica e pela realidade dos trópicos, os judeus – ainda que avaliados como o Outro – não eram vistos como um perigo às fronteiras que definiam a identidade nacional. Durante esse interregno, o processo de assimilação, inserção e integração dos judeus à realidade nacional foi lento, dificultado muito mais pelas barreiras idiomáticas, religiosas e climáticas do que por uma prática anti-semita.

Independentemente de qualquer ajuda por parte do Estado, as comunidades judaicas em formação conseguiram manter seus

---

15. Tratam desse tema: Samuel Benchimol, "Judeus no Ciclo da Borracha", in Helena Lewin (org.), *Judaísmo-Memórias e Identidade*. Rio de Janeiro, UERJ, vol. 1, 1998, pp. 47-54; Frida Wolff, "1901 – Anti-semitismo no Pará", in Nachman Falbel, Avraham Milgram e Alberto Dines (orgs.), *Em Nome da Fé: Estudos In Memoriam de Elias Lipiner*. São Paulo, Perspectiva, 1999, pp. 225-230; Leonardo Senkman, "La cuestión judia en Argentina y Brasil: la contradictória lógica de inclusión/exclusión del populismo bajo Vargas y Peron", in Maria Luiza Tucci Carneiro (org.), *O Anti-semitismo nas Américas, op. cit.*, pp. 2-3 (no prelo).

particularismos de origem, valendo-se do espírito de solidariedade e justiça difundidos pelo judaísmo. A partir de 1920, esses particularismos se prestaram como argumentos para que as autoridades políticas brasileiras avaliassem tais comunidades enquanto quistos metaforicamente comparados a um cancro social. Não podemos também deixar de considerar que valores anti-semitas nunca deixaram de ser propagados pela Igreja católica que, em vários momentos, aproveitou-se das fissuras deixadas pelo pensamento liberal. Enfim: aqui encontram-se arraigadas as raízes do moderno anti-semitismo político brasileiro.

IV. Vozes liberais e conservadoras

Ao nível do imaginário coletivo, o anti-semitismo cristão e popular jamais deixou de se manifestar no Brasil, sendo constantemente reafirmado através de personagens literários construídos pelos textos de dramaturgia, crônicas jornalísticas, literatura de cordel, charges humorísticas e pelos conhecimentos chamados "úteis". Desde a primeira década do século XIX, lá pelos idos de 1839, constatamos a circulação da imagem estereotipada do judeu que, na maioria das vezes, vinha associada ao discurso anti-judaico propagado pela Igreja Católica. Artigos de jornais literários e da grande imprensa, romances históricos, folhetins, censura teatral e outras tantas fórmulas se prestaram para veicular conceitos estigmatizantes sobre o povo de Israel.

Ainda nos dias de hoje, persiste a acusação de que o povo de Israel foi o responsável pela morte de Jesus Cristo (conceito de crime deicida) e de que os judeus são indivíduos dominados por Satanás, incapazes de compreender o sentido de suas próprias Escrituras (símbolo do Mal). Inúmeros foram os manuais (laicos, clérigos ou pastorais) e periódicos católicos e protestantes que, direcionados para a doutrinação sistemática, circularam no Brasil expressando formas arraigadas dessa mentalidade[16].

---

16. Estudiosos, como Jules Isaac, já demonstraram que o anti-semitismo, consciente ou inconsciente, está profundamente arraigado na cristandade. As acusações, segundo o autor, nasceram das polêmicas judaico-cristãs que favoreceram, entre os séculos I ao IV, a propagação de tais calúnias. Jules Isaac, *Las raíces cristianas del antisemitismo*. Buenos Aires, Paidos, 1966.

No século XIX, muitos dos leitores brasileiros formaram-se na escola de ficção folhetinesca e de aventuras; outros prefeririam ler os verbetes ilustrados dos jornais literários, fontes instrutivas de conhecimentos universais. Curiosas matérias sobre os judeus, por exemplo, eram publicadas em *O Panorama, Jornal Litterario e Instructivo da Sociedade Propagadora dos Conhecimentos Úteis*, espécie de enciclopédia ilustrada cujos bicos de pena introduziram uma galeria de "typos" estereotipados no imaginário coletivo. Em fevereiro de 1839, esse periódico publicou um estudo comparativo entre o negociante judeu e o negociante armênio. Esse último era definido como representante de uma nação essencialmente de "commerciantes e cosmopolitas que repartem entre sí, na capital do império otomano, o tráfico principal, assim como do commercio por grosso, como das negociações de banco". O tom do texto é depreciativo com relação aos judeus, descritos a partir dos tradicionais atributos negativos, característicos do anti-semitismo tradicional e que serão retomados pelos anti-semitas modernos.

A ênfase dada pel'*O Panorama* é de que os judeus de Constantinopla eram "autênticos" por serem originários da Palestina, de onde trouxeram a língua e os costumes de não comer carne de porco, escrever da direita para a esquerda etc. No entanto, "não era bem assim", reafirma o autor: estes homens eram, "na verdade", oriundos "d'Hespanha, descendentes dos que a inquisição expulsou do país, em número de oitocentas mil pessoas...". Confundidos como turcos, os judeus são apresentados como aqueles que possuem não apenas a profissão de banqueiros, como também "todas as mais lucrativas", haja visto que nas "casas dos opulentos desta raça, ostenta-se o fausto oriental". Os das classes inferiores são, "como em toda a parte, immundos nos trajos e habitações, e sempre inclinados a entrar em especulações, que repugnariam a qualquer pessoa melindrosa de consciência"[17].

---

17. Este gênero de publicação enciclopédica, ainda que impressa no exterior, fazia parte das leituras correntes das famílias mais ilustradas do Império brasileiro interferindo na formação no imaginário coletivo, ávido de conhecimentos vindos da Europa, berço da civilização cristã. *O Panorama: Jornal Litterario e Instructivo da Sociedade Propagadora dos Conhecimentos Úteis.* Lisboa, vol. III, fev. 16, 1839, p. 49.

Aos conhecimentos úteis, ditos enciclopédicos, somam-se outros de cunho mais romântico, ficcional. A grande circulação dos folhetins, cujo auge está entre 1850-1900, confirma o gosto por este gênero de literatura inspirada nos modelos europeus, contando com a colaboração de consagrados nomes do romance histórico estrangeiro. Considerando que "o folhetim imita a vida, que por sua vez imita o folhetim"[18], constatamos que um dos temas recorrentes foi o do judeu. Dentre os célebres folhetinistas estava o francês Eugène Sue, autor de *O Judeu Errante*[19] (1844-1845), cujo texto foi publicado no folhetim do *Diário do Rio de Janeiro* em 29 de outubro de 1844, numa transcrição do jornal lisboeta *A Restauração*. Em 5 de dezembro de 1845, o *Diário do Rio de Janeiro* anunciou uma série de livros à venda, dentre os quais encontramos a "*Gramática Hebraica*, por 1$rs e o 'fantástico *Judeu Errante*, de Sue', 5 vols., por 2$rs..."[20]. Em abril de 1934, esse folhetim aparece anunciado no *Catálogo de Propaganda de Livros (nº 1) de A Sementeira*, sugerido como leitura ao lado de outros títulos de Dostoiévski, Máximo Gorki e Victor Hugo[21].

Nessa década de 1850, os leitores foram acometidos por um verdadeiro furor de leitura transformando-se em devoradores de romances, dentre os quais estava *O Judeu Errante*, de Eugène Sue. Registros deixados pela *intelligentia* brasileira atestam que esta obra, assim como na França, incluía-se no rol dos livros cultuados. Os talentos literários de Eugène Sue eram equiparados aos de Alexandre Dumas e Victor Hugo, "abalizados autores-símbolo da Europa ilustrada". No entanto, uma ressalva distinguia Sue dos demais: o seu fim era propalar as suas idéias políticas, indicando ao governo ou ao povo as reformas que se cumpriam fazer, até mesmo em matéria religiosa. Segundo artigo crítico publicado na revista *Guaianá*, em 1856, Eugène Sue pen-

---

18. Marlyse Meyer, *Folhetim, uma História*. São Paulo, Companhia das Letras, 1996, pp. 29, 233.

19. Várias edições de Eugène Sue circularam no Brasil: *Le Juif Errant*, Edição ilustrada por Giovani, 4 vols. Paris, Paulin, 1945; *O Judeu Errante*, 3 vols. São Paulo, Editorial Paulista, s/d. Biblioteca J. Mindlin.

20. *Diário do Rio de Janeiro*, 5 dez, 1845 *apud* Egon Wolff e Frieda, *op. cit.*, p. 4.

21. *Pront. nº 581, da Delegacia Regional de Polícia de Jundiaí*, vol. 1. DEOPS/AESP.

dia mais para "o feio, o mal, o crime, as trevas, o horror". Nem por isso deixou de ser um dos autores da literatura romântica folhetinesca aclamado pelos bacharéis da Faculdade de Direito de São Paulo e do Rio de Janeiro[22].

O Visconde de Taunay registrou, em 1852, que chegou a tirar da biblioteca do seu tio Beaurepaire, em Engenho Novo, "oito grossos volumezinhos" do *Judeu Errante*, editado em Bruxelas, e que "os devorou sem parar". Brito Broca, em um dos seus escritos de 1855, inseriu Eugène Sue e Victor Hugo entre os autores preferidos de um dos seus personagens, o Visconde de Nogueira da Gama[23].

Segundo pesquisa desenvolvida por Marlyse Meyer, o lançamento de *O Judeu Errante* entre o público brasileiro fez grande alarde: avalanches de reclames convocavam o público leitor, em junho de 1845, a comprar vários volumes. Como sucesso de público – apesar das críticas do Pe. Lopes Gama, que o avaliara como uma "panfleto moralizador e mordaz" –, *O Judeu Errante* foi levado ao palco do Teatro Lírico, "que gastou 10 000$000 para preparar o drama". Enquanto cultura, essa obra fez parte das leituras individuais e coletivas, conforme depoimento de Jacob Pinheiro, morador de Sorocaba em 1910 que, como tantos outros, deixou-se envolver pelo medo a essa praga mítica[24].

O conceito de judeu errante – legado medieval do antijudaísmo teológico – vem atrelado à crença de que os judeus estariam condenados a errar pelo mundo por ter negado água a Jesus e por não lhe ter permitido descansar a caminho do Calvário. O principal personagem desse conto – *Ahasverus*, um sapateiro judeu de Jerusalém – tem suas origens nos típicos contos populares europeus inspirados em um texto-matriz de 1602, coletânea de antigos relatos orais[25]. Durante o século XVIII, a lenda circulou na Europa através dos "livros dos mascates", sendo re-

---

22. "Rápido paralelo crítico entre Alexandre Dumas e Eugênio Sue", por A. P. S., in *Revista Guaianá*. São Paulo, abr.-set. 1856 *apud* Marlyse Meyer, *Folhetim, uma História*. São Paulo, Companhia das Letras, 1996, pp. 201, 284-287.
23. *Idem*, p. 286.
24. *Idem*, pp. 287, 397.
25. Segundo Élie Barbavi, a lenda do judeu errante teria surgido em um relato de Mathieu Paris, monge de Sant-Albans, que, c. 1235, teria publicado em sua obra *Chronica Majora* "a história de José Cartafilus, testemunha da paixão que havia batido em Cristo dizendo vai, vai e ao qual Jesus teria respondido: 'Eu vou e tu es-

cuperada no século seguinte pelos meios literários e políticos que multiplicaram as versões do *Judeu Errante*: poemas, músicas, peças teatrais, panfletos anti-semitas, óperas etc.[26]

A figura ambígua de Ahasverus – ora peregrino imortal, ora ofensor de Jesus – circulou por toda a Europa reproduzida em cartões postais, partituras musicais, gravuras e pinturas, sendo retomada pelos caricaturistas nazistas nos anos 30 e 40[27]. O mesmo fenômeno ocorre no Brasil que, a partir da segunda metade do século XIX, vivenciou os dilemas das elites ilustradas preocupadas em interpretar e neutralizar os males da escravidão e do colonialismo. Liberalismo ou Conservadorismo? Para alguns, chegara a hora de se falar em "Liberdade, Igualdade e Fraternidade". Essa mesma corrente liberal que favoreceu reformas radicais no Brasil – como a abolição da escravatura e a proclamação da República – permitiu também a circulação de libelos filosemitas. Podemos considerar que o debate nacional sobre questões raciais estava dividido em duas correntes distintas: uma delas defendia a luta pela liberdade e o ideal de justiça, enquanto que a outra, navegando pelas águas da ciência européia, pregava a existência de raças superiores e inferiores. Esse pessimismo com relação ao homem dos trópicos (negro e o índio) não era tão radical com relação aos judeus que chegaram a contar com a defesa de ilustres personalidades da literatura brasileira.

Algumas poucas vozes – identificadas com a "vida insípida e estúpida" dos desenraizados – retomaram a temática do

---

perarás que eu venha'". Élie Barbavi, *História Universal dos Judeus: da Gênese ao Fim do Século XX*. Trad. Beatriz Sidou (coord.). Belém, Cejup, 1995, pp. 170-171.

26. Segundo Barnaví temos: "Shelley, *O Judeu Errante* e *O Monólogo do Judeu Errante* (1810-1812); Quinte, *As Anotações do Judeu Errante* (1823); *Rapsódia Lírica* (1783); de Christian Friedrich Daniel Schubart, traduzida com o título de *A Morte do Judeu Errante* (1831); Edgar Quinte, *Ahasverus: Béranger, Lamento do Judeu Errante* (1833), mais tarde musicado por Gounod; Merville e Mallian, atores de teatro de boulevard, encenam um Judeu errante (1834), Eugène Sue publica o folhetim *O Judeu Errante*, em *Le Constitutionnel* (1844-1845); Wagner, *O Judaísmo na Música* (1850), panfleto violentamente anti-semita; de Scribe com música de Halevy, a ópera *O Judeu Errante* (1852). Élie Barnaví, *op. cit.*, pp. 170-171.

27. Em 1945, o pintor austríaco Ernst Fuchs – filho de judeu ortodoxo e batizado cristão por força das circunstâncias – deu ao seu fantástico *O Judeu Errante* (*Der ewige Jude*, 1945) a dimensão de denúncia. Eduard Fuchs, *Die Juden In der Karikatur: Ein Beitrag zur Kulturgeschichte*. Mümchen, Albert Langen, Verlag, 1921; *Ernst Fuchs*. Catálogo produzido por Fuchs para a retrospectiva no National Tretjakow Gallery Moscow, 15 mai.-10 jul. 2001, p. 29.

maldito e do errante para comporem suas autobiografias. Poetas inconformados, como Antônio de Castro Alves (1847-1871) e Luís Nicolau Fagundes Varela (1841-1875), reinterpretaram a figura do judeu errante, arquétipo inspirador de muitos dos seus melodramas. Castro Alves em *Ahasverus e o Gênio*, incorporou a figura do "mísero judeu, que tinha escrito na fronte o selo atroz! Eterno viajor de eterna senda...". Nestes versos, o poeta dos escravos afirma que o Gênio é "como Ahasverus... solitário. A marchar, a marchar, no itinerário. Sem termo do existir"[28]. Fagundes Varela, por sua vez, ao compor trechos autobiográficos para algumas poesias das *Noturnas*, toma para si o martírio e as dores do judeu errante "em cuja testa, dos tufões crestada, Labéu de fogo cintilizava escrito!"[29]. O tema reaparece em *Mocidade e Morte* onde Ahasverus simboliza a figura do maldito, referência muito bem lembrada por Jerusa Pires Ferreira em seu ensaio "O Judeu Errante: A Materialidade da Lenda"[30].

Preocupado em denunciar a rejeição universal vivenciada pelos negros escravos, Castro Alves reinterpreta o drama do judeu – "maldito" como ele, poeta irreverente – que em *Vozes da África* (1866) emerge enquanto estratégia para defender e glorificar as nações oprimidas (fosse de negros ou judeus). Castro Alves explica a estigmatização dos negros a partir do mito da danação de uma raça cujo destino histórico era irreversível. Denunciando os interesses que mascaravam o pensamento mercantil, o poeta baiano canta, em versos, o drama dos negros – que como os judeus – estavam condenados, através de milênios, a pagar pelos seus pecados:

> Vi a ciência desertar do Egito...
> Vi meu povo seguir – Judeu maldito –
> Trilho da perdição

---

28. *Apud* Alfredo Bosi, *Dialética da Colonização*. São Paulo, Companhia das Letras, 1992, p. 255.
29. Wilson Martins, *História da Inteligência Brasileira*, vol. III, (1855-1877). São Paulo, Cultrix, Edusp, 1977, pp. 145, 146.
30. Jerusa Pires Ferreira, "O Judeu Errante. A Materialidade da Lenda", in *Revista Olhar/Centro de Educação e Ciências Humanas da UFSC*, vol. 2, nº 3, maio-jun., 2000, p. 25.

Depois vi minha prole desgraçada
Pelas garras d'Europa – arrebatada –
Amestrado falcão!...[31]

No mesmo ano de 1866, Castro Alves compôs um dos raros poemas brasileiros em louvor a uma jovem mulher judia. Inspirado em Mary Roberta – uma das "três graças", filhas do gibraltino Abraham Amzalak radicado na Bahia desde 1829 – Castro Alves escreveu *Hebréia*, em cujos versos canta o caso de um amor proibido: "Lírio do vale oriental, brilhante! Estrela vésper do pastor errante! Ramo de murta a recender cheirosa! Tu és, ó filha de Israel formosa... Tu és, ó linda, sedutora Hebréia. Pálida rosa da infeliz Judéia"[32].

O drama dos cristãos-novos perseguidos pelo Tribunal do Santo Ofício foi retomado por Joaquim Maria Machado de Assis em *A Cristã-Nova* (1866), poema contextualizado por Anita Novinsky em seu estudo *O olhar judaico de Machado de Assis*[33]. Este poema assume o tom de crítica política enquanto manifesto contra a indiferença da sociedade e o abuso de poder por parte da Igreja católica ali representada pelo ousado braço do Santo Ofício que levara aos cárceres o pai de Angela, a cristã-nova. Enfim, incomodava ao autor o fanatismo do povo e a ignorância do clero, tema anteriormente desenvolvido em carta anônima dirigida ao bispo do Rio de Janeiro D. Manuel do Monte Rodrigues de Araújo, o Conde de Irajá. Publicada no *Jornal do Povo* em 18 de abril de 1862, a carta referia-se, num tom anticlerical, ao "flagelo da indiferença" que afetava a sociedade brasileira. Consciente de que "tocava numa chaga tremenda", o autor denunciava os ofícios divinos como provas de ostentação[34].

Nesta incessante busca por justiça e ética, Machado de Assis se apresenta como um rebelde, um protestatário que sonha com o limiar de uma nova era. Seu messianismo político investe

---

31. Castro Alves, *Vozes da África*. São Paulo, 11 de junho de 1866 *apud* Alfredo Bosi, *op. cit.*, p. 253.
32. Castro Alves, "Hebréia", Salvador, 1866, in *Castro Alves: Obra Completa*, organizada por Eugênio Gomes. Rio de Janeiro, José Aguilar, 1960, pp. 79-80.
33. Anita Novinsky, *O Olhar Judaico de Machado de Assis*. Rio de Janeiro, Expressão e Cultura, 1990.
34. Wilson Martins, *op. cit.*, vol. III, pp. 160, 161.

na esperança de que os tempos serão retificados e o mal (anti-semitismo) acabará. Em seu conto *Viver* acredita que "os ventos não espalharão mais, nem os gérmens da morte, nem o clamor dos oprimidos, mas tão-sómente a cantiga do amor perene e a bênção universal da justiça...". Tempos em que Ahasverus – personagem-símbolo que representa a força dos desesperos milenários – será "o eleito de uma raça eleita". Machado de Assis atribui um tom de profecia à fala de Prometeu que, sustentando um constante diálogo com Ahasverus, prevê a eternidade para o judeu errante[35]. Ahasverus (ora homem, ora povo) é positivamente anunciado como elo de ligação entre duas eternidades: o mundo velho (intolerante) e o mundo novo (justo). Numa visão luminosa cantada por Prometeu, aquele homem que iniciou em Jerusalém a peregrinação dos tempos, (re)viveria para contar aos novos homens "todo o bem e todo o mal antigo". Tempos em que "o errante não erraria mais", após tantos séculos de sofrimento e dor[36].

A esperança de que assim tudo se conserta e restitui não se encerra nos contos de Machado de Assis. O culto à democracia jurídica e a paixão pela justiça encontrou em Rui Barbosa (1849-1923) um dos seus mais expressivos representantes. Exilado em Londres, por se opor ao governo de Floriano Peixoto, o abolicionista Rui Barbosa produziu um dos mais lúcidos libelos sobre o *affaire* Dreyfus (1894)[37]. Ao protestar

---

35. Em comum, as duas figuras têm a vivência do castigo. Prometeu – personagem símbolo da mitologia grega, um dos titãs que roubou o fogo do Olimpo e o deu aos homens ensinando-os a empregá-lo – foi castigado por Zeus que o acorrentou no cimo do Caúcaso. Ahasverus – personagem "construído" pelo anti-judaísmo teológico medieval – por ter negado água e descanso a Jesus, estaria condenado a errar pelo mundo, estendendo a pena a todo o povo judaico.
36. Machado de Assis, "Viver!", in *Obras Completas de Machado de Assis: Várias Histórias*. Rio de Janeiro; São Paulo, W. M. Jackson Inc. Editores, 1959, pp. 253-266.
37. Em 1894, o Exército francês acusou o capitão Alfred Dreyfus de ter entregue informações confidenciais à Alemanha. Dreyfus foi preso e condenado à prisão perpétua, degradação e deportação para a Ilha do Diabo (Guiana Francesa). Posteriormente, a descoberta do verdadeiro culpado Esterházy, comprovou o erro do judiciário. Cidadãos anti-Dreyfus não hesitavam em incriminá-lo pelo fato de ele ser judeu e, como tal, um traidor que vendia a pátria ao seu maior inimigo. Émile Zola (1840-1902) publicou no jornal *L'Aurore*, de 13 de novembro de 1898, o artigo *J'Accuse* denunciando a monstruosa hipocrisia dos acusadores de Dreyfus. Zola foi processado e condenado à prisão, tendo que se exilar na Inglaterra.

em 1818 contra a violação dos Direitos Humanos, Barbosa rejeitou as doutrinas do arbítrio, abominou as ditaduras de todos os gêneros, militares ou científicas, coroadas ou populares; odiou as combinações hipócritas do absolutismo dissimulado sob as formas democráticas e repúblicas; opôs-se "aos governos de seita, aos governos de facção, aos governos da ignorância...". Como homem liberal que era, Rui Barbosa mostrou-se indignado com "a estúpida selvageria dessa fórmula administrativa" que, como "o bramir de um oceano de barbárie, estava ameaçando as fronteiras da nossa nacionalidade".

O grande jurista baiano mal podia imaginar que o *affaire* Dreyfus era apenas a ponta de um grande iceberg que ainda estava por emergir na Europa. Importante lembrar que o julgamento de Dreyfus foi considerado como "a mais extraordinária exibição do moderno anti-semitismo fora da Alemanha" por ter ameaçado os direitos dos judeus na França. Este caso trouxe à tona elementos ideológicos e políticos do anti-semitismo que, posteriormente, foram reaproveitados no governo de Vichy, após a derrota da França em 1940[38].

Em 1898, o *Jornal do Commércio* do Rio de Janeiro publicava um artigo raro, por seu conteúdo e autoria: "O semitismo e o anti-semitismo na actualidade". Assina o texto uma mulher, cuja postura intelectual se faz arrojada para época: Maria Amália Vaz de Carvalho[39].

V. A lenda do judeu errante

A força da propagação da lenda do judeu errante pode ser constatada nos livretos de cordel que, além de ser uma das mais importantes formas de registro da cultura popular brasileira, devem ser interpretados como "matrizes impressas do imaginário", conceito empregado por Jerusa Pires

---

38. Discurso proferido por Rui Barbosa, em 13 de agosto de 1918, transcrito em *Coletânea Literária*, org. por Batista Pereira, 6ª ed. São Paulo, Nacional, 1952, p. 21; Alfredo Bosi, *História Concisa da Literatura Brasileira*. São Paulo, Cultrix, 1976, pp. 285-289.

39. Maria Amalia Vaz de Carvalho, "O Semitismo e o Anti-semitismo na Actualidade", in *Jornal do Commércio* (nº 93). Rio de Janeiro, 3 abr. 1898, p. 1. Rolo C-PR-SPR 1 (216). BN/RJ.

Ferreira[40]. Por expressarem uma cosmovisão particular do mundo, os livretos de cordel se prestam como fontes históricas para os estudos do racismo e do anti-semitismo no Brasil[41]. Um destes livrinhos intitula-se *A Vida do Judeu Errante*, de autoria de Manoel Apolinário Pereira[42] que se propôs a escrever um tratado da vida sobre este homem que "desconhecia a Deus e desobedecia todos os seus mandatos". Inspirado no romance *Mártir do Gólgota*, de Perez Escrich, o autor narra a trajetória de Samuel Belibeth, um soldado mercenário que, errante, havia percorrido várias nações.

O perfil monstruoso de Samuel Belibeth (que representa Ahasverus) vai sendo "construído" pelo cantador, verso por verso. Descrito como um homem feio, forte, de voz terrível e de estatura elevada, Belibeth "matava gente, não acreditava em santos e o seu Deus era sua espada". Após ter retornado à Jerusalém, este homem casou-se e, para sustentar o lar, dedicou-se ao comércio "por obrigação". Sua esposa faleceu dez meses após ter dado a luz a um menino que, segundo o autor, ficou "nas mãos daquele judeu" que sequer dava conta de cuidar da sua própria mãe que era paralítica, surda e muda". Ao saber da prisão de Jesus de Nazareno, Belibeth chamou-o de "charlatão" e, rindo às gargalhadas, sugeriu à sua cunhada Serafia que "fosse se divertir com os gestos que o Filho de Deus fizesse na cruz".

O discurso vai assumindo, cada vez mais, um tom acusatório de forma a envolver Belibeth com a crucificação de Cristo: "ele acusou a Jesus do modo mais agravante, arrastou-o até onde estava o estandarte e deu-lhe um bofete nas costas enquanto o povo gargalhava". Para Samuel, Jesus de Nazareno era um "falso profeta", "profanador das luzes do império", "falso senhor" e "infeliz feiticeiro" que cobiçava o trono do imperador Tibério. Durante o percurso de Jesus em direção ao Gólgota, Belibeth teria lhe negado água e descanso, além de acusá-lo de falso "Filho de Deus". Jesus teria dito a Samuel que, como castigo, ele

---

40. Jerusa Pires Ferreira, "O Judeu Errante – a Materialidade da Lenda", in *Revista Olhar*. São Carlos, UFSCar, Ano II, nº 3, maio 2000, pp. 24-30.

41. *Idem*, p. 25.

42. Manoel Apolinário Pereira, *A Vida do Judeu Errante*. Cordel editado pela Folheria Luzeiro do Norte do grande poeta João José Silva, s/d., 32 pp., Coleção Ruth Terra, IEB/USP, Jerusa Pires Ferreira, *op. cit*., pp. 28-29.

seria um imortal, ainda que a imortalidade não lhe traria felicidade: andaria sem cessar, vagando pelo mundo até o dia final. Daí a frase que dá sustentação à imagem do judeu errante: "anda, anda Belibeth até a eternidade!".

No decorrer da narrativa, a imagem de Belibeth transita entre a forma animal e a humana, ambas malditas. Predestinado para "correr nação por nação", aquele homem "maldito" foge para cumprir a sua espinhosa missão. O emprego de adjetivos qualificativos no final de cada estrofe estigmatiza o personagem que leva a pecha de "viajante nojento e maldito de Deus". No final, o autor previne: se o judeu errante tentar vir para o Brasil – "terra brilhante onde o povo é rebelde... ele bota nele fervendo"[43].

O linguajar popular, lapidado pelo dogmatismo católico, encarregou-se de registrar em várias regiões brasileiras a imagem estigmatizada do povo de Israel acusado de ter traído Jesus Cristo. A versão mais comum é de que "o filho de Deus foi preso e arrastado, cuspido pelos judeus e covardemente vendido por Judas". Esta narrativa é reconstituída no folheto de cordel *O Judeu Errante*, de Severino Borges da Silva, cuja capa é ilustrada por uma xilogravura que, por si só, provoca sentimentos negativos no leitor/receptor da imagem. A cena é dominada pela figura de uma mulher em trajes gregos que, numa dúbia atitude de ódio e/ou desespero, atira um recém-nascido às águas de um rio. A alegoria incita o leitor a relacionar, por antecipação, o título à imagem prevendo um possível ato de punição aos personagens errantes condenados a expiar os seus pecados. Seria aquela criança o filho indesejável de um Judeu Errante?[44]

O tema (judeu errante) e a imagem (punição/sacrifício) não estão ali por acaso. O poeta – intermediário com relação a um amplo processo de comunicação – aprende o tema do imaginário popular, empresta-lhe uma perspectiva gerenciada pela sua cosmovisão e o retransmite numa linguagem popular. Daí a força do folheto de cordel, que *é o jornal dos que não lêem jornais*

---

43. *Idem*, p. 31.
44. Severino Borges da Silva, *O Judeu Errante*. Editores proprietários: Filhas de José Bernardo da Silva, 40 pp. *apud* Jerusa Pires Ferreira, *op. cit.*, pp. 28, 30.

no interior nordestino...; daí a força da praga mítica que ora assume a forma de peste, morte ou traição[45].

Jerusa Pires Ferreira, ao analisar a literatura de folhetos do poeta Delarme Monteiro da Silva, cita *O Filho do Judeu*, que narra a história de um rico banqueiro de Verona que leva a pecha de "judeu de sangue" e "judeu repugnante". Para se casar com a filha de um cristão endividado, o rico banqueiro perdoa o devedor. Diante da tal negociação, o pai da noiva releva seu preconceito ao comentar "ele era judeu de sangue/ mas de cultura elevada"[46].

Esse mesmo tom ambíguo é sustentado em outras tantas obras magnas da literatura romântica brasileira que, sob a forma de dramas e novelas, reafirmaram estereótipos seculares. Dentre os autores, cabe citar o baiano Junqueira Freire (1832-1855), cujos escritos folhetinescos e anticlericais inspiraram-se em Frei Francisco Xavier de Santa Rita Bastos, conhecido monge "maldito, jogador e libertino". É no poema *O Renegado: Canção do Judeu* que Freire maldiz esse povo descrito como "monstro" sem crença, sem nome e sem pátria[47].

Na década de 50 do século XIX, peças teatrais jocosas encarregaram-se de divulgar o tema do judeu errante ao público seleto do Rio de Janeiro. Durante o período da Quaresma, temas antijudaicos ecoavam pelos palcos cariocas sem qualquer oposição dos censores do Conservatório Dramático Brasileiro. O fato dessas peças não terem sido censuradas expressa a mentalidade do "juiz", que as liberou por não pecarem "contra a veneração à nossa Santa Religião, contra o respeito devido aos Poderes Políticos da Nação e às Autoridades constituídas, e contra a guarda da moral e decência pública"[48].

Dentre as peças encenadas encontramos *A Judia de Constantina* e *O Novo Judeu Errante*, *Os Cáftens* (1890), de

---

45. Segundo Ricardo Noblat, jornalista de *Fatos e Fotos* e *Manchete apud* Mark J. Curran, *História do Brasil em Cordel*. São Paulo, Edusp, 2001, pp. 24-25.
46. Delarme Monteiro da Silva, *O Filho do Judeu*. s/ed., s/d, 44 pp. *apud* Jerusa Pires Ferreira, *op. cit.*, p. 29.
47. Junqueira Freire, *Obras Completas de L. J. Junqueira Freire*, 4ª ed., tomo I. Rio de Janeiro, H. Garnier, (data?), pp. 161-172.
48. Conforme pareceres emitidos em 1845, 1847, 1851, 1853, pelos censores do Conservatório Dramático Brasileiro, do Rio de Janeiro, em virtude das atribuições que lhes conferia o Imperial Decreto de 19 de julho de 1845. I-2, 25, 27; I-2, 6, 57 (nº 2); I- 8, 6, 111 (nº 138); I-2, 8, 17 (nº 2 e nº 34). Obras Raras. BN/RJ.

Augusto Lopes Cardoso e *O Judas em Sábado de Aleluia* (1844), de autoria de Luís Carlos Martins Pena (1815-1848), dramaturgo popular dedicado à comédia de costumes. Levado a público, o conteúdo jocoso desses textos certamente contribuiu para reforçar a postura intolerante herdada da doutrina católica cujas cicatrizes ainda se fazem presentes na língua portuguesa[49].

Nesta galeria de vanguarda destaca-se também Qorpo Santo – José Joaquim de Campos Leão (1829-1883) cujas peças só foram montadas em meados de 1966. Qorpo Santo inventou um teatro absurdo contrariando muitas das convenções impostas pela sociedade riograndense oitocentista. Alucinado e caótico, Qorpo Santo escreveu *As Relações Naturais*, em cujo texto invoca a figura mítica do judeu que ora é Judas, ora é o Judeu Errante[50].

Em *A Jóia*, de Artur Azevedo (1855-1908), o personagem que sobe aos palcos para representar a espertesa e a desonestidade tem "cara de judeu". Textualmente o autor alerta: "olho vivo!". Este mesmo clichê – o do agiota espertalhão – é retomado por França Junior (1839-1890) em sua comédia de costume *Meia Hora de Cinismo*[51].

Em 1851, o *Diário do Rio de Janeiro* publicou em seu folhetim a novela *A Judia no Vaticano ou Amor em Roma*, de Méry, encerrada em fevereiro de 1852[52]. Em julho de 1867, o mesmo periódico reproduziu o romance histórico *O Judeu,* do polêmico lusitano Camillo Castello Branco, acompanhando o modismo da época de se projetar conflitos emocionais através de uma literatura pitoresca, nem sempre pejorativa. Expressivo deste es-

---

49. Clássicos são os verbetes dos dicionários dos séculos XIX e XX que definem popularmente o judeu como um "sujeito mau, de má índole, traidor e sem Pátria". Judia, segundo o autor Antônio Cândido de Figueiredo, é "mulher ou rapariga de má índole, muito travessa ou escarninha" *Novo Dicionário da Língua Portuguesa*, por Antônio Cândido de Figueiredo. Lisboa, Portugal/Brasil Ltda. Sociedade Ed., 1920-1922, vol. II, p. 17; Maria Luiza Tucci Carneiro, "Anexo 1 – Estudo de Vocabulário", in *Preconceito Racial em Portugal e Brasil Colônia*, *op. cit*.

50. Qorpo Santo, "Relações Naturais", comédia em quatro atos in *Teatro Completo: Qorpo Santo*. São Paulo, Iluminuras, 2001, pp. 161-180.

51. Um dos mais completos inventários de peças teatrais deste gênero foi realizado por Maria Augusta Toledo em monografia orientada por J. Guinsburg. ECA/USP. Uma síntese deste estudo pode ser consultada em "A Máscara do Judeu no Teatro Brasileiro", *op. cit*., pp. 35-56.

52. Egon e Frida Wolff, *op. cit*., p. 5.

tilo é o romance de *A Judia Raquel*, escrito por Francisca Senhorita da Mota Diniz e sua filha A. A. Diniz[53].

Em 1870, Antônio José de Souza (?-1883) publicou *Explicações dos Idiotismos ou Propriedades da Língua Hebraica e Grega, Frequentemente Encontradas nas Sagradas Escrituras*[54]. Nesta mesma época, Aureliano Cândido Tavares Bastos (1839-1875)[55], valendo-se do pseudônimo *O Cristão-Velho*, lançou, em Aracajú, *A Igreja e a Revolução,* obra oferecida a D. Manuel Joaquim da Silveira, Conde de S. Salvador, Arcebispo Metropolitano e Primaz do Brasil, conclamando-o a fomentar a revolução contra a Igreja. Por seu espírito realista e democrático, as obras de Tavares Bastos são consideradas como um dos primeiros aportes de princípios abolicionistas e pré-republicanos nos anos 60[56]. Lembramos aqui *Cartas do Solitário* (1862) e *Memória Sobre Imigração* (1867) que, dentre outras, se prestaram para preparar uma ruptura mental com o regime escravocrata e as instituições políticas que o sustentavam.

Uma questão nos chama a atenção na obra *A Igreja e a Revolução*, cujas investidas extrapolam a idéia de "meros subterfúgios literários". Apelando para a antítese do Bem e do Mal, o autor sugere que o combate à corrupção do clero – projetada na figura do corrupto Pe. Manuel Ribeiro Pontes, vigário de Laranjeiras – se fizesse através de medidas enérgicas. Acobertado pelo pouco "sutil" pseudônimo *O Cristão-Velho* (sugestivo para repensarmos a antítese "Cristão-Novo"), Tavares Bastos atribui ao seu personagem qualidades depreciativas acionadas pela elite "pura de sangue", em detrimento do judeu-convertido. O autor acusa o Pe. Ribeiro de "mercadejar" em todas as direções:

53. Wilson Martins, *op. cit.*, vol. IV (1877-1896), p. 233.
54. Wilson Martins, *História da Inteligência Brasileira*, vol. III (1855-1877). São Paulo, Cultrix; Edusp, 1977, p. 343.
55. Autor de *Cartas do Solitário* (1862), Tavares Bastos foi considerado como o "grande doutrinário do Segundo Reinado". Acreditava que a solução para os problemas do país estaria centrado na escolha de um denominador comum ideológico viabilizado por reformas liberais enfatizando a necessidade de uma verdadeira revolução moral. Denunciou, em várias de suas obras, a hipocrisia com que o país encarou o problema da abolição da escravidão exigindo a extinção do regime servil além de proclamar a ruptura entre Igreja e o Estado, que culminou com a "questão dos bispos". Wilson Martins, *op. cit.*, vol. III, pp. 157-160.
56. Alfredo Bosi, *op. cit.*, pp. 181, 182.

"com Freguesias, compras de casas e dinheiro a juro com a mais descomunal usura" e "com a carne humana, e ainda mais passou a reduzir a pessoa livre à escravidão". Valendo-se da técnica da imagem invertida (espelho), Bastos projeta no Pe. Ribeiro – que manifesta atitudes típicas de um falso cristão – atributos tradicionalmente atribuídos a um cristão-velho, conceito que, nos anos de 1860, já se fazia desacreditado[57].

---

57. *Idem, ibidem.*

Capítulo II

O Anti-semitismo Moderno no Brasil

I. Espectros da intolerância

Avanços e recuos do pensamento anti-semita

Argumentos fornecidos pelas teorias científicas estruturadas a partir da segunda metade do século XIX impuseram distinções entre o anti-semitismo tradicional (de fundamentação teológica) e o anti-semitismo moderno (de fundamentação científica). O anti-semitismo moderno no Brasil – assim como em outros países europeus e americanos – sustenta características que se prestam para traçarmos a identidade estrutural do pensamento anti-semita. Dentre estas podemos citar a ênfase dada ao estrangeirismo do judeu, falsamente avaliado por seu constante peregrinismo, conotação enfatizada pelos folhetins acerca do judeu errante. Os argumentos de que os judeus são "indivíduos sem apego à terra" e "um povo sem pátria" sempre se prestaram, em distintos momentos e com diferente intensidade, para justificar o desprezo por esse grupo errôneamente tratado como "raça"[1].

1. A questão judaica como problema de nocividade racial para a existência, permanência e cultura dos povos é uma abordagem que data de 1880, tendo

A esses (pre)conceitos somou-se a idéia do "parasitismo", condição atribuída ao indivíduo que não trabalha, habituado a viver às custas do outro; daí a imagem animalizada do judeu vir associada à do sanguessuga, seja enquanto indivíduo ou verme. Essa metáfora foi habilmente empregada pelo dramaturgo Augusto Lopes Cardoso em *Os Cáftens* (1890), peça em que os judeus – acusados da corrupção dos costumes e da moral – são comparados a "vermes peçonhentos que se nutrem aqui a corroer os sãos costumes de nossa carrança..."[2].

Muitos desses clichês – herdados do anti-semitismo de raízes ibéricas e de fundamentação teológica – foram sendo adaptados à realidade brasileira, fomentando a idealização de uma política imigratória restritiva à entrada de judeus no Brasil. Ainda que atenuada pela moderna dramaturgia brasileira, a figura estereotipada do imigrante judeu ganhou forças junto ao discurso oficial.

Podemos considerar que, entre 1921-1932, a retórica anti-semita extrapolou as fronteiras do discurso literário folhetinesco e da doutrinação católica, alcançando o saber técnico sustentado por burocratas brasileiros. Nesse período, algumas autoridades do Estado republicano – preocupadas com os projetos de colonização judaica e com o crescente número de imigrantes judeus russos, tchecos e poloneses interessados em entrar no país – deram início à aplicação de uma política restritiva anti-semita. Essa prática, no entanto, ainda se mostrava indefinida apesar da eleição distinta daqueles que eram indesejáveis do ponto de vista étnico: negros, japoneses, hindus, árabes e judeus. Errôneamente, o judeu é tratado ora como raça ora como povo, confusão herdada do século XIX, como podemos constatar em algumas passagens da peça teatral *Vitiza ou Nero de Espanha*, de Martins Pena.

A idéia de que o judeu pertencia a uma raça "inferior" somente ganhou forças no Brasil após 1933, numa espécie de endosso ao anti-semitismo propagado pelo III Reich. Foi a partir desse momento que um discurso intolerante, xenófobo e nacio-

---

como base o conceito naturalista de "raça judia" desenvolvido por E. Derehrind em sua obra *Die Judenfrage als Frage der Rassenschädlichkeit für Existenz, Sitte und Cultur der Völker mit einer welgeschichtlichen Antwort*. Ver Hannah Arendt, *Origens do Totalitarismo: Anti-semitismo, Instrumento de poder: Uma Análise Dialéctica*. Trad. Roberto Raposo. Rio de Janeiro, Documentário, 1975, nota 26, p. 60.

2. Maria Augusta Toledo e J. Guinsburg, *op. cit.*, p. 48.

nalista tomou conta da correspondência diplomática brasileira, rica em estereótipos assimilados da literatura anti-semita européia e, particularmente, do ideário nacional-socialista. Parte dessa documentação deve ser interpretada como verdadeiros libelos anti-semitas, testemunhos do pensamento racista brasileiro. Esses conteúdos extrapolam a ética diplomática, inscrevendo-se na lista negra dos *Tratados da Ignorância*.

Na década de 40, uma série de manifestos corroídos por preconceitos seculares trouxeram a público o caráter combativo daqueles que se identificavam com o pensamento anti-semita. Nem mesmo Mário de Andrade ficou imune ao veneno da serpente. Ao avaliar a produção do pintor Lasar Segall, o fez sob a luz de suas desavenças pessoais com o artista, ofuscado por valores xenófobos e nacionalistas. Em carta pessoal dirigida a Henriqueta Lisboa, em junho de 1941, Mário de Andrade destitui a arte de Segall de um caráter nacional – em oposição àquela produzida por Portinari –, ao caracterizá-lo como "estrangeiro" e "judeu"[3].

Avaliando seus dois retratos pintados por Portinari e Segall, Mário de Andrade não conseguiu esquivar-se de seus preconceitos. Valendo-se da clássica metáfora do Bem *versus* Mal, o escritor distingue os dois pintores por seus dons inatos e por suas disposições de espírito. Segundo a avaliação do escritor, teriam sido a "dadivosidade do coração" ("que raros chegam a ter") e a "pureza de alma" de Portinari que lhe teriam permitido captar o seu lado "anjo". Tais virtudes, entretanto, não foram creditadas a Segall que, rotulado de fazer o papel de tira, tinha o "dom de descobrir criminosos". Ao elaborar a leitura do seu retrato produzido por Segall, Mário de Andrade resgata o medievalesco discurso da diabolização do judeu, cuja concepção está relacionada ao anti-semitismo moderno[4]: "Não creio que o Segall, russo como é, judeusíssimo como é, seja capaz de ter amigos... como bom russo complexo e bom judeu místico ele

---

3. "Carta de Mario de Andrade a Henriqueta Lisboa, de 11 de junho de 1941", in Mario de Andrade, *Cartas de Mário de Andrade a Henriqueta Lisboa*. Rio de Janeiro, José Olympio, 1990, pp. 50 e ss. *apud* Cláudia Valladão de Mattos, *Lasar Segall, op. cit.*, p. 164, nota 47.

4. No moderno discurso anti-semita os judeus são constantemente identificados com o diabo que lhes dá as forças necessárias para se destacarem, com

pegou o que havia de perverso em mim, de pervertido, de mau, de feiamente sensual. A parte do Diabo"[5].

A figura diabólica do judeu mau ganhou forças com a publicação de dezenas de obras integralistas, que tinham como matrizes os *Protocolos dos Sábios de Sião, O Judeu Internacional*, de Henry Ford, o *Judeu Süss*, de Lion Feuchtwanger e um conjunto de outras obras importadas da França anti-semita, dentre as quais:

– *L'Antisémitisme, son Histoire et ses causes*, de Bernard Lazare;
– *Les Juifs, Maîtres du Monde*, de Leopoldo Hahn;
– *Les Forces Sécrètes de la Revolution*, de León de Poncins;
– *Sociétes des Nations super-état Maçonnique*, de León de Poncins;
– *Les Juifs et nous Chrétiens*, de Oscar de Férenzy;
– *La Franc-Maçonnerie: Secte Juive: ses origines, son sprit et le but qu'elle pousuit*, de I. Bertrand;
– *Le Salut par les Juifs*, de Léon Bloy;
– *Le Testament d'un antisémite*, de Édouard Drumont;
– *La France Juive*, de Édouard Drumont[6].

O fel dessa intolerância era reproduzido por Gustavo Barroso que, identificado com o pensamento conservador e nacionalista da direita católica, alimentou o ódio contra a comunidade judaica brasileira. Até 1938, data em que os camisas-verdes foram reprimidos pelo governo Vargas, uma intensa literatura

---

sucesso, na medicina e no mundo dos negócios. J. Trachtenberg, *El Diablo y los Judios La Concepción Medieval del Judio y su Relación com el Antisemitismo Moderno*. Buenos Aires, Paidós, 1975; L. Poliakov, *O Mito Ariano*. São Paulo, Perspectiva, 1974, p. 474.

5 *Idem*, pp. 57 e ss. *apud* Cláudia Valladão de Mattos, *Lasar Segall, op. cit.*, p. 174, nota 6.

6. Matrizes francesas anti-semitas: Bernard Lazare, *L'Antisémitisme son Histoire et ses causes*. Edition Definitive. Étude D'Andre Fontainas. Tome Premier e Deuxiéme. Paris, Éditions Jean Cres, MCMXXXIV; I. Bertrand, *La Franc-Maçonnerie Secte Juive*, Paris, Blound, 1903; León de Poncins, *Sociétes des Nations super-état Maçonnique*. Paris, Gabriel Beauchesne et as fils, MCMXXXVI; Léon Bloy, *Le Salut par les Juifs*. Paris, Librairie Adrien Dersay, 1892; Edouard Drumond, *Le Testament d'un Antisémite*. Paris, E. Dentu, Éditeur, 1891; Édouard Drumont, *La France Juive*. Novelle Édition. Paris, Flammarion Éditeur, 1938 (1ª ed., 1912).

anti-semita integralista circulou livremente, interferindo no imaginário coletivo. Esse período coincide com a intensificação da imigração judaica que, desde 1933, contou com uma nova categoria de judeu: o refugiado do nazi-fascismo, apátrida. A comunidade dos refugiados – avaliados como homens sem pátria, parasitas e, muitas vezes, comunistas – ganhou visibilidade, assumindo a imagem de perigo étnico-político. Esse perfil foi reaproveitado pela dramaturgia moderna que, ao lado do personagem agiota, banqueiro e capitalista, inseriu a figura do judeu comunista.

Durante o Estado Novo (1937-1945), houve uma radicalização do anti-semitismo que, acionado como instrumento de poder, assumiu características políticas através da ação do Estado. As consequências reais da aplicação de circulares secretas anti-semitas (1937-1947) e da repressão empreendida pela polícia política (DOPS) contra a comunidade judaica brasileira ainda carecem de avaliação por parte dos historiadores.

O contradiscurso

Raros foram os intelectuais brasileiros que, no período entreguerras, tiveram coragem de assumir um discurso filo-semita. Têm aqui seus méritos: Baptista Pereira que, em 1933, pronunciou um discurso na Casa de Rui Barbosa no Rio de Janeiro sobre *O Brasil e o Anti-semitismo*, cujo texto somente foi publicado em 1945. Na década de 30, Maria Lacerda de Moura – uma das raras vozes femininas da resistência anarquista – convocou "a todos os homens livres, os revolucionários sociais, os antifascistas de todas as tendências e os trabalhadores em geral", a assistirem sua conferência "Antissimitismo" (*sic*), propagada em panfleto pelo jornal *A Plebe*[7]. Na mesma ocasião proferia uma outra palestra na sede da União dos Opeários em Fábrica de Tecidos sob os temas "Guerra e Anti-Semitismo praticado na Alemanha de Hitler" e "A Igreja de Roma e a peseguição dos Judeus".

Na linha do contradiscurso, Oswald de Andrade lançou a peça de vanguarda *O Homem e o Cavalo* (1934) e Raimundo

---

7. Panfleto "Antissimitismo". Conferência de Maria Lacerda de Moura, 20 junho, s/d. *Pront. nº 857, Maria Lacerda de Moura*. DEOPS/AESP.

> **Conferencia Publica**
>
> Terça-feira, dia 20 de Junho, às 20 horas, no
> SALÃO CELSO GARCIA —— Rua do Carmo n.º 23
> Aos homens livres, aos revolucionarios sociaes, aos
> anti-fascistas de todas as tendencias e aos trabalhadores em geral, convida-se a assistir a
> CONFERENCIA PUBLICA
> que, a convite de "A Plebe",
>
> **D. Maria Lacerda de Moura**
>
> pronunciará sobre o tema
>
> **ANTISSIMITISMO**
>
> Sumario
>
> O DESPERTAR DO TROGLODITA — AS BASES MODERNAS DO ANTISSIMITISMO — HITLER E O IDOLO DA RAÇA — O CAPITALISMO FAREJA OS SEUS FILHOS DILETOS — A IGREJA DE ROMA E A PERSEGUIÇÃO AOS JUDEUS NA IDADE MEDIA — "ESCUTA ISRAEL".
>
> ◊ ◊ ◊
>
> Faz-se um vivo apelo ao elemento feminino para comparecer a esta conferencia em que D.ª Maria Lacerda de Moura estuda profundamente a questão que empolga o mundo.
>
> **Leiam, aos sabados, o jornal "A PLEBE"**

Panfleto "Antissimitismo", s/d.

Magalhães Junior publicou sua obra *Um Judeu* (1939). Ecos isolados vieram da comunidade judaica que, timidamente, protestou através das obras: *Em Legítima Defesa: a Voz de um Judeu Brasileiro*, de Bernardo Shulman (1938), *Os Judeus (artigos e conferências)*, por Evaristo de Morais (1940), *Espectros da Intolerância* (1944), de Fernando Levisky, *O Anti-semitismo: Uma Alergia Social* (1954), de Isaac Izecksohn, *Hitler: Defesa ou Invasão da Europa*, de Daniel Guerén (s/d)[8].

Após a II Guerra Mundial uma série de fatores contribuíram para o recuo do pensamento anti-semita no Brasil: a divul-

---

8. Baptista Pereira, *O Brasil e o Anti-semitismo*. Rio de Janeiro, Imprensa Nacional, 1945 (Separata das publicações da Casa Rui Barbosa); Marcio Campos Lima, *Os Judeus na Allemanha no Momento Atual*, Rio de Janeiro, Flores & Mano, 1933; Oswald de Andrade, *O Homem e o Cavalo* (1934); Raimundo Magalhães Junior, *Um Judeu*, 1939; Bernardo Schulman, *Em Legítima Defesa: a Voz de um Judeu Brasileiro*. Curitiba, 3ª ed., 1938 (1ª ed. 1937); Antonio Evaristo de Morais, *Os Judeus (artigos e conferências)*. Prefácio Antonio Piccarolo e introdução de Evaristo de Moraes Filho, São Paulo, Civilização Brasileira, 1940; Fernando Levisky, *Espectros da Intolerância*. São Paulo, Publicações Brasil, 1944; Daniel Guerén, *Hitler: Defesa ou Invasão da Europa...?*. Edições Palácio, s/d.

gação das atrocidades cometidas pelos nazistas nos campos de extermínio, a criação do Estado de Israel em 1948, a Constituição Brasileira de 1946 proibindo a discriminação racial, a aprovação da Lei Afonso Arinos (1951) prevendo penalidades para atos de discriminação de cor e de raça em lugares públicos e, finalmente, a Constituição de 1988 que reafirma o conceito de que racismo é crime. Esses atos foram complementados pelo art. nº 208 do Código Penal, pela Lei nº 7.716 e pela criação da *Delegacia Especializada de Crimes Raciais* através do Decreto lei nº 36.696. A abertura política que garantiu a liberdade de imprensa e fortaleceu a ação das associações defensoras dos direitos humanos tem aqui seu crédito. Da mesma forma devemos avaliar a atuação dos orgãos representativos da comunidade judaica que, em todos os níveis da sociedade, têm se mantido em estado de alerta denunciando atos anti-semitas. No entanto, não podemos perder de vista o ressurgimento de um anti-semitismo, nem sempre tão velado, tanto por parte de uma direita conservadora como de uma esquerda mal informada, xiita e nacionalista.

II. O mito da conspiração judaica

O veneno dos Protocolos

A obra apócrifa *Os Protocolos dos Sábios de Sião* pode ser considerada como uma das principais matrizes do pensamento anti-semita no Brasil contemporâneo. Nos dias de hoje, esta obra – apesar de ser uma das maiores falsificações do século XX – ainda cumpre com um dos seus objetivos: o de criar dúvidas sobre a comunidade judaica onde quer que ela exista. Cada vez que uma nova edição "pirata" surge, a intranquilidade toma conta dos ânimos alterando o raciocínio lógico. Essa obra é, e sempre será – daí a força do mito – um permanente veneno. Cabe à sociedade buscar o antídoto adequado de forma a combater o sentimento anti-semita que emana principalmente da extrema-direita, verdadeiro viveiro de cobras. Se para os historiadores os *Protocolos* são fonte testemunhal do discurso anti-semita, para a comunidade judaica é um elemento de tensão. É aqui que está o perigo do mito: na sua imortalidade, atualidade e capacidade de multiplicação adaptando-se as novas tecnologias. Daí a metáfora do ovo da serpente, por nós adotada enquanto expressão da ressurreição do perigo anti-semita que ronda, misteriosamente, a sociedade contemporânea.

Para reconstituir a matriz histórica do anti-semitismo no Brasil se faz necessário rever a trajetória dos *Protocolos* enquanto veículo de propaganda e doutrinação. Onde quer que tenha aparecido, esta obra contribuiu (e ainda contribui) para minar a tolerância e instituir o irracionalismo modelado pela mentira. Tanto na Europa como na América, alimentou paixões degradantes e atiçou decisões deliberadas por parte das elites católicas, tradicionalistas e simpatizantes das fórmulas oferecidas pelos textos social-darwinistas.

Desde a sua primeira versão – que veio a público na Rússia entre 1903-1907, a partir de textos publicados pelo jornal *Znamya* (A Bandeira)[9], de São Petersburgo – os *Protocolos dos Antigos Eruditos Sábios de Sião* tiveram o objetivo de servir a interesses políticos. Sem limites cronológicos, o texto ofereceu uma interpretação lógica para o caos sendo a universalidade e a intemporalidade uma de suas mais intensas características estruturais. Um conjunto de 24 conferências demonstravam que "antigos judeus eruditos", organizados em uma comunidade multidimensional, procuravam colocar em prática o "Programa para a conquista do mundo pelos judeus".

O texto havia sido inspirado na obra escrita por Sergey Nilus no final do século XIX e que havia tomado por base uma sátira publicada em Bruxelas (1864), de autoria de Maurice Joly, contra Napoleão III, Imperador da França. Esta recompõe o diálogo entre Maquiavel e Montesquieu no inferno, sendo Napoleão apresentado como um homem cínico, ambicioso, sem escrúpulos e aventureiro, cuja pretensão era tomar o poder, ampliando as conquistas iniciadas por seu tio Napoleão I. Dois anos depois, as conferências foram novamente publicadas com o título *A Raiz de Nossos Problemas*, acompanhadas do subtítulo *Onde se acha*

---

9. Este periódico tinha por diretor Kruschevan, conhecido militante anti-semita instigador do *pogrom* de Kischnev, no qual vários judeus morreram e centenas ficaram feridos. O conteúdo divulgado pelo jornal influenciou diretamente o czar Nicolau II que, dentre outras manifestações radicais, eliminou da Constituição as idéias tidas como "liberais" pois estas, segundo sua interpretação, nada mais eram do que invenções judaicas para enfraquecer os povos cristãos com o objetivo de dominá-los.

a raiz das atuais desordens da sociedade na Europa e especialmente na Rússia. Em 1905, ano da primeira revolta russa (tema do filme *O Encouraçado Potemkin*, dirigido por Eisenstein), Nilus publicou o livro *O Grande no Pequeno* ou *O Anticristo como possibilidade política próxima; notas de uma pessoa ortodoxa*, no qual *Os Protocolos* foram incluídos como encarte. Essa versão é a que serve de matriz, ainda hoje, para as edições impressas em várias partes do mundo apesar da burla ter sido denunciada em 1921[10].

Mas, a criatividade humana é fértil: em 1906, Butni (com pequenas diferenças textuais), baseando-se no mesmo documento utilizado por Nilus, elaborou uma outra edição (em nova versão) intitulada *Inimigos da Raça Humana: Protocolos Extraídos dos Arquivos Secretos da Chancelaria Central de Sião*. O mito dos "antigos sábios" começava a tomar forma, multiplicando-se, incontrolável. Recebeu várias outras versões atingindo prodigiosa difusão durante o período que antecedeu a I Guerra Mundial e, sobretudo, no entreguerras. Segundo Raoul Giradet, os *Protocolos* alcançaram tiragens que podem ter-se igualado às da própria Bíblia[11].

Segundo versão dos *Protocolos*, essa comunidade multidimensional encontrava-se organizada de forma piramidal: o grão-rabino, o conselho dos sábios, os agentes processualistas, os agentes internacionais, os judeus e não-judeus. Todos esses, numa operação conjunta, planejavam a tomada do poder valendo-se de uma série de artifícios. Dentre esses, cabe citar: o culto ao ouro, a desmitificação do cristianismo, o uso da violência como princípio, a hipocrisia como regra, a implantação do terror, a destruição dos valores morais e a tentativa constante de enfraquecimento do espírito crítico da população. Todos esses temas

---

10. A denúncia foi feita por um correspondente do *Times*, em Londres, que havia encontrado em Constantinopla um caixote contendo livros abandonados por um antigo oficial do exército do czar integrado à polícia secreta russa, a Okarana. Entre os livros estava *Dialogue aux Enfers entre Machiavel et Montesquieu ou La Politique de Machiavel au XIX Siècle, par un Contemporain*, escrito por Maurice Joly, advogado parisiense. Publicado em Bruxelas pela A. Mertens, o volume totalizava 337 páginas, sendo que os *Protocolos* começavam, abruptamente, na página 8 do texto de Maurice Joly. A ordem dos diálogos reproduzidos nos *Protocolos* é a mesma das páginas 22-31 dos *Diálogos*.

11. Raoul Giradet, *op. cit.*, p. 32.

foram reeditados e publicados em periódicos brasileiros, como o jornal integralista *Acção* e a revista católica *A Ordem*.

A construção do texto é feita de forma a convencer o leitor que, para atingir os objetivos básicos, os judeus costumam apelar para a corrupção, a velhacaria, a traição e, até mesmo, para as forças ocultas. Além do mais, usam e abusam da riqueza da ciência, da imprensa, da língua jurídica, da economia e da diplomacia. Complô, segredo e golpe de Estado são apontados como as linhas mestras do método empregado por essa organização judaica rotulada de poderosa, violenta, perigosa e despótica.

A multiplicação da mentira

Em 1919 uma versão ampliada dos *Protocolos* surgiu na Alemanha a partir da tradução feita por Gottfried zur Beck, que inseriu novos trechos no original. Fatos da atualidade foram adequados ao conteúdo: I Guerra Mundial, Revolução Russa, derrota germânica etc. Estamos diante da atualização do mito. Zur Beck "construiu" esta nova versão de forma a induzir o leitor a concluir que todos aqueles fatos (derrota e crise) eram de responsabilidade dos judeus que, desde 1897, tramavam dominar o mundo. À sátira de Joly somou trechos de *Biarritz*, panfleto vulgar de autoria de Herman Goedsche, cujo tema versava também sobre a conspiração judaica. Goedsche, valendo-se do pseudônimo de John Retcliffe, escrevia novelas corriqueiras e panfletárias, entre as quais estava *Biarritz*, cujo capítulo *No Cemitério Judeu de Praga* se prestou para enriquecer a versão alemã dos Protocolos: *Die Geheimnisse Der Weise von Zion*. A ficção, mais uma vez, adequava-se à realidade: o plano destruidor do mundo cristão havia sido tramado durante um encontro das doze tribos reunidas no cemitério de Praga. Dessa forma, o *Livro dos Sábios de Sião* popularizou-se por toda Alemanha em edições baratas, espécie de edições de bolso. O conteúdo dos *Protocolos* foi ao encontro das idéias anti-semitas defendidas por Adolf Hitler que, desde o momento em que esteve preso em Landsberg (1924-1926), procurou sistematizar seu ódio aos judeus exprimindo-o como doutrina. Foi no interior da prisão que o futuro Führer, idealizador do Holocausto, gestou *Mein Kampf* que, ao lado dos *Protocolos*, se transformaria na bíblia dos nazistas e dos anti-semitas. Em *Mein Kampf*, Hitler invoca os *Protocolos* para justificar as medidas de exceção contra os judeus.

Em 1920 veio a público uma tradução polaca seguida de três edições francesas, uma inglesa, três americanas, uma escandinava, uma italiana e uma japonesa. Paralelamente a tantas novas edições, o *Times* alardeava à opinião pública sobre tal conspiração, seguido por 23 editoriais publicados pelo *Morning Post* em forma de livro: *A Causa da Inquietude Mundial*.

A polêmica em torno da veracidade dos *Protocolos* não conseguiu ofuscar o brilho sagrado do nazismo. Assim mesmo, um outro correspondente do *Times*, ex-policial czarista, desmascarou a fraude arquitetada por zur Beck confrontando o original russo com a versão alemã. Isso rendeu trabalho aos nazistas que tentaram, a todo o custo, comprovar a autenticidade da obra chegando mesmo a acusar Joly de ser judeu. Essa estratégia nazista pode ser lida no texto de W. Creutz *A autenticidade dos Protocolos dos Sábios de Sião* e que acompanha a edição brasileira de 1936: "Quem foi esse francês, autor dos *Diálogos nos Infernos*? O problema foi devidamente elucidado pelo Sr. Gottfried zur Beck, no prefácio da edição alemã dos *Protocolos*. Nele encontramos a preciosa informação de ter o sr. Maurício Joly sido circuncidado sob o nome de Moses Joel. É na verdade estranho"[12].

Henry Ford, impressionado com o conteúdo dos *Protocolos*, fundou uma revista especial com o objetivo de torná-los conhecidos: *The Deaborn Independence-Trade Union*. Esse periódico atingiu cerca de 300 mil assinantes, dos quais a maioria era de judeus preocupados em conhecer e impedir a divulgação do infamado conteúdo. Com a mesma intenção, Theodor Frish imprimiu uma outra revista na Alemanha com o nome de *Der International Juden*. Em 1921, Henry Ford financiou a publicação do livro *The International Jew*, cuja edição chegou a 150 mil exemplares[13].

---

12. W. Creutz, "A Autencidade dos Protocolos dos Sábios de Sião", in *Os Protocolos dos Sábios de Sião*. Coleção Comemorativa do Centenário de Gustavo Barroso. Porto Alegre, Revisão, 1989, p. 43. Cf. 1ª edição, Minerva, 1936, p. 30.

13. Importante lembrar que, no mesmo momento em que a obra *The International Jew* era publicada nos Estados Unidos, um movimento reacionário – o futuro Partido Nacional-Socialista – procurava explicar a derrota germânica como conseqüência da traição judaica, cuja finalidade era aniquilar a nação alemã.

Em 1933, os ecos desta panfletagem anti-semita chegava ao Brasil, receptivo à proliferação de idéias racistas. A Editora Globo (Porto Alegre) publicava *O Judeu Internacional* traduzido por um anônimo (L. G.). Como justificativa para tal iniciativa, a Editora Globo divulgou uma nota elucidativa procurando introduzir o leitor desavisado ao tema tão atual e controvertido. Tal texto se refere à indignação dos judeus diante da publicação do livro nos Estados Unidos pelo fato de terem percebido que estavam diante de "sério adversário". Com base neste argumento, acusavam os judeus de terem organizado uma violenta campanha contra Ford que se estendeu até 1927, envolvendo processos e acidentes premeditados[14].

O mito do complô judaico penetrava silenciosamente em terras brasileiras acolhido por uma mentalidade racista e anti-semita lapidada desde os tempos coloniais. O clima estava propício: vivenciávamos um momento de crise político-econômica. A idéia de um complô secreto e a indicação de um inimigo-objetivo era adequada para justificar a continuidade de Getúlio Vargas no poder, explicar o caos e a repressão aos comunistas.

O código do Anticristo

A primeira edição em português dos *Protocolos* no Brasil (1936) teve Gustavo Barroso como tradutor e um dos seus principais intérpretes. Apesar de todas as dúvidas lançadas sobre o "Livro dos Sábios de Sião", este logo mereceu a atenção de intelectuais brasileiros que, identificados com o pensamento da extrema-direita, tornaram-se fervorosos defensores e propagadores do mito da conspiração no Brasil. Amplamente divulgada pelo jornal integralista *Acção*, essa obra foi apresentada como "um trabalho de vulto que deveria ser lido e meditado pelos que amam sinceramente nossa Pátria"[15].

Em 1937, os *Protocolos* – editado como o *Código do Anticristo* – alcançava sua terceira edição brasileira com uma tiragem de 23 mil exemplares, sem contar outras tantas edições clandestinas. O culto ao Anticristo é resgatado por Barroso que, ao comentar uma frase ditada pelos velhos Sábios, identificou

---

14. Henry Ford, *O Judeu Internacional*. Porto Alegre, Globo, 1933, p. 5.
15. Jornal *Acção*, São Paulo, 16.10.1936. AESP/SP.

ali a prática do mamonismo: "Quando vier nosso reino, não reconheceremos a existência de nenhuma outra religião a não ser de nosso deus único...". Como exemplo, Barroso cita as romarias ao túmulo de Lênin na Rússia, junto ao qual, segundo documentos citados por Sallustre em *Les origines secrètes du bolchevisme*, já haviam ocorrido sacríficios sangrentos. Valendo-se do *Corão*, Barroso procura provar que os judeus, além de povo deicida, pactuavam com o demônio com o objetivo de impor o judaísmo ao mundo: "Satan apoderou-se deles. Eles foram o partido de Satan" (*Surata 20 capítulo LXIII*)[16].

Por esse viés retomava-se a lenda do Anticristo na qual o judeu emerge como um ser inferior, animalizado, perfilado como o inimigo da Humanidade e identificado como a encarnação do demônio. A narrativa reconstitui a luta entre o Bem (Cristianismo) e o Mal (Satanás). Tanto na Europa como no Brasil refere-se à chegada do Messias (Cristo), filho de Deus com uma virgem judia e que viria ao mundo para salvar a cristandade. O Anticristo, filho do diabo com uma judia, tentaria conquistar o mundo destruindo o Cristianismo com a ajuda dos judeus. A vitória final caberia ao Bem, simbolizado pela Igreja cristã. Com este mesmo sentido, o jornal carioca *O Mensageiro da Paz*, órgão das Assembléias de Deus no Brasil, publicou, em fevereiro de 1935, o artigo *O Bolchevismo batalhando contra o Cristianismo*. Sem empregar a palavra "judeu" ou "judaísmo", o autor recupera, no sub-item *O Exército do Anticristo*, a imagem do complô judaico pregado pelos *Protocolos*: "... êles todos virão, com violência: os rostos buscarão o oriente, e êles congregarão os cativos, como areia...êles se rirão de todas as fortalezas, porque amontoando terra, as tomarão"[17].

Indicada como leitura obrigatória aos povos cristãos em geral, *Os Protocolos* foi classificado por Júlio Dantas, jornalista do *Correio da Manhã*, como "um livro forte, nobremente escrito e documentado". Os Sábios de Sião foram comparados a "uma

---

16. *Protocolos dos Sábios de Sião*. Texto completo e apostilado por Gustavo Barroso, 1ª reed. Porto Alegre, Revisão, 1989, cap. XIX, p. 121.
17. "O Bolchevismo batalhando contra o Cristianismo", in *Mensageiro da Paz*. Rio de Janeiro, 2ª quinzena de 1935, nº 4. Pront. nº 465, de Samuel Hedlund. DEOPS/SP.

serpente viscosa que procura, na contrição de seus anéis de bronze, asfixiar o mundo". Além destas incriminações, os judeus eram acusados também de "envenenadores dos povos"[18]. A campanha publicitária centrava-se na idéia de que os *Protocolos* tinha a capacidade de esclarecer dúvidas e mistérios e que deveria ser lido "por todos os que não se corromperam com o veneno do monstro", metáfora empregada como sinônimo de perigo semita. Sob o viés da modernidade reabilitava-se a imagem do judeu corrupto sob a acusação de que "seu veneno nefasto estava a infestar o mundo".

A leitura dos *Protocolos* era aconselhada, particularmente, aos bancários classificados como "pobres trabalhadores de bancos". Aqueles que desejassem ter noção das manobras judaicas (adjetivadas como "tenebrosas") deveriam ler o Código do Anticristo. O perigo semita é animalizado ao ser apresentado como um "monstro de sete cabeças que os quer tragar..."[19]. Satisfazia-se, desta forma, a mente fantasiosa do leitor que não precisava ver para acreditar. Daí a relação complexa entre linguagem e memória, ficção e realidade, elementos que dão sustentação à construção do mito. Em 1938, o jornal *Acção* ressuscitou a temática do complô mundial dos Sábios de Sião ao destacar na primeira página: "Realizam-se os planos dos *Protocolos dos Sábios*. Cumprindo as determinações dos *Protocolos*, os judeus reunem-se em Congresso Mundial"[20].

Metáforas anti-semitas

É no âmbito da construção de imagens que as teorias racistas encontram subsídios para proliferar e chegar até as massas. Valendo-se da linguagem verbal e icônica, cuja ambigüidade possibilita múltiplas interpretações, o anti-semita dá asas à sua imaginação. Através de conceitos falsos de analogia e similaridade, as metáforas facilitam a circulação e a incorporação do dis-

18. Cf. propaganda dos *Protocolos* impressa na quarta capa do livro de I. Bertrand, *A Maçonaria Seita Judaica: Suas Origens, Sagacidade e Finalidades Anti-Cristãs*, Tradução de Gustavo Barroso. São Paulo, Minerva, 1938. Essa obra foi publicada em Paris sob o título *La Franc-Maçonnerie Secte Juive*. Paris, Blound, 1903.
19. Jornal *Acção*, São Paulo, 10.10.1936, p. 5. AESP/SP.
20. Jornal *Acção*, São Paulo, 4.01.1938, p. 1; 1.02.1938, p. 7. AESP/SP.

curso anti-semita. Nesse sentido, as metáforas vêm carregadas de segundas intenções: a de convencer o leitor de que os judeus representam as forças do Mal e, como tais, devem ser excluídos da sociedade.

Literatos, cartunistas e desenhistas brasileiros destilaram seus preconceitos ao transformar negros e judeus, principalmente, em "répteis venenosos" e "monstros de sete cabeças"[21]. Tanto os textos como as capas ilustradas das várias edições brasileiras dos *Protocolos* cumpriram importante papel enquanto veículos formadores de imagens mentais. A serpente, a morte, a sanguessuga, a hidra policefálica, a formiga saúva e a aranha tornaram-se personagens corriqueiros das edições anti-semitas brasileiras e estrangeiras. Esta criatividade plástica nos leva a afirmar que chegou a existir uma estética do mito do complô judaico que extrapolou o conceito do "horror" e do "feio".

A metáfora da serpente integra o pseudodiscurso atribuído aos Sábios de Sião que, no capítulo III dos *Protocolos*, teriam anunciado que o plano dos judeus dominarem o mundo estava perto do fim: "Ainda um pouco de caminho e o círculo da Serpente Simbólica, que representa nosso povo, será encerrado. Quando esse círculo se encerrar, todos os Estados estarão dentro dele, fortemente emoldurados". Para Barroso, nenhum símbolo conviria melhor ao judaísmo, no seu plano demoníaco, do que a serpente, "o *Nahasch* bíblico, que tentou Eva no Paraíso"[22]. É neste sentido – de perigo, traição e pecado – que a figura da serpente será empregada, ao longo de todo o século XX, como personagem-símbolo das múltiplas reedições dos *Protocolos*.

Uma grande semelhança temática, por exemplo, existe entre a ilustração da capa da terceira edição brasileira dos *Protocolos* (1937) e aquela impressa em *El Kahal*, de Hugo Wast, publicada na Argentina (1944). Em *El Kahal*, o corpo da serpente expressa certa temporalidade ao se alastrar desde Sião (900 a.C.), passando por Atenas (500 a.C.), Madrid (1500), Paris (1700), Londres (1815), Berlim (1870) e, finalmente, Moscou (1918), sem

---

21. José de Alencar, em sua peça *Demônio Familiar*, descreve os negros escravos como seres irracionais e irresponsáveis, definindo-os de "répteis venenosos que quando menos esperamos nos mordem no coração".

22. *Protocolos dos Sábios de Sião*. Texto completo e apostilado por Gustavo Barroso, 1ª reed. Porto Alegre, Revisão, 1989, p. 83, nota 1.

estender-se por terras americanas. Na edição brasileira, a cabeça da serpente paira, raivosa, sobre o Brasil. O mesmo réptil – cuja cabeça assemelha-se à máscara aterrorizante de um judeu – já havia sido publicado na capa da edição sueca (Hangô, 1924). Na versão espanhola de 1963, a mesma espécie de ofídio é representada com três cabeças que simbolizam a religião judaica, o Estado de Israel e o comunismo[23].

A serpente identificada nas múltiplas capas dos *Protocolos* deve ser interpretada enquanto símbolo bíblico do Mal ou seja, aquela que convenceu Adão a comer a maçã proibida na tentativa de prejudicar a obra de Deus. É a imagem do diabo que encarna o Mal disfarçado de serpente e que, adaptado ao discurso anti-semita, se metamorfoseia em judeu. Na edição egípcia, a serpente é substituída por um polvo cujos tentáculos encontram-se amarrados a uma estrela de David, enquanto que na edição italiana o globo terrestre está dominado por uma enorme aranha negra, cujo rosto identifica-se com o perfil estigmatizado de um judeu[24].

A figura da serpente reaparece em duas outras edições brasileiras dos *Protocolos*, datadas de 1946 e de 1988. Impressa com técnicas mais sofisticadas que as edições anteriores, a capa de 1946 é ilustrada com a fotografia do planeta Terra circundado por uma esguia serpente que conspira contra a humanidade. Essa mesma representação – a do domínio do mundo pelos judeus – pode ser identificada na edição popular francesa, publicada em Paris (1934) sob o título *Le Péril Juif*. No lugar da serpente encontramos um velho judeu que, com as unhas cravadas no globo terrestre, arranca sangue do mundo. Na base, corpos sobre corpos encontram-se massacrados pela ganância judaica. Essa narrativa icônica inspirou a capa de *O Anti-semitismo de Hitler... E o julgamento apressado de alguns escriptores brasileiros*, de Brasilino de Carvalho, editado na Bahia (1934)[25]. A idéia repete-se em outra edição brasi-

---

23. *Protocolos dos Sábios de Sião*. Texto completo e apostilado por Gustavo Barroso, 3ª ed. São Paulo, Minerva, 1937; Hugo Wast, *El Kahal*, Thau, 1944; S. Nilus, *Förlaten Faller*. Hangô, Blinkfyrens Forlag, 1944.
24. *La Sinarchia Universale: Progetto di un Nuevoo Ordine Mondiale*. Cf. capa dos *Protocolos*, versão italiana reproduzida pelo *L'Express*, 9.07.1992, p. 99.
25. *Le Péril Juif: Les Protocoles des Sages de Sion*, Paris et Brunoy, Les Nouvelles Editions Nationales, 1934; Brasilino de Carvalho, *O Anti-semitismo de Hitler... E o Julgamento Apressado de Alguns Escriptores Brasileiros*. Bahia, 1934.

leira que leva o título *O Domínio do Mundo pelos Judeus: Os Protocolos dos Sábios de Sião*, cuja capa traz um judeu travestido de colonizador ibérico que, cuidadosamente, estende linhas-simbólicas (meridianos) sobre uma esfera terrestre. Um dourado candelabro de sete braços (*menorah*) reforça a identidade judaica desse fantástico personagem[26].

Essa representação anti-semita persiste na reedição brasileira de 1988 que, até há alguns anos atrás, podia ser adquirida nas bancas de jornais do Terminal Rodoviário Tietê, em São Paulo. Desta vez, o "livro maldito" recebeu uma nova roupagem sem, entretanto, abrir mão dos tradicionais símbolos anti-semitas: a raivosa serpente verde-avermelhada que, com seus anéis, contrai o globo terreste circundado por nove olhos negros, dispostos num fundo cor de rosa angelical. Os olhares insinuam tensão, vigilância e terror, enquanto que o subtítulo explicita os campos de ação dos Sábios de Sião: liberalismo, autonomia, leis, ouro, política, fé, poder, comércio, crises, religiões etc.[27]

Entre 1989 e 1991, a Editora Revisão, de Porto Alegre, reeditou o texto completo dos *Protocolos*, traduzido por Gustavo Barroso em 1936. Na capa uma estrela de David, em traços brancos, reina sobre um planisfério amarelo destacado em fundo negro. Dados biográficos de Barroso – elogiado como "soldado sem farda, com profundos conhecimentos em matéria de judaísmo" – acompanham as 24 conferências dos Sábios de Sião. O integralista é apresentado como aquele que "pôs a nu a nefasta ação do judaísmo financeiro em nosso país" e que levantou no Brasil "a campanha antijudaica, não com a violência ou a calúnia, mas com a lógica e as provas documentais"[28]. Essa reedição comemorativa atingiu sua quinta tiragem em 1991, sendo atualizada com um anexo elaborado com o objetivo de comprovar a execução do "plano diabólico dos judeus", agora denominado de Sionismo. O mito da conspiração judaica foi atualizado pelo editor S. E. Castan, que responsabiliza os judeus pela liberação

---

26. *O Domínio do Mundo pelos Judeus: Os Protocolos dos Sábios de Sião*, s/ed. s/d. ATC/SP; Biblioteca J. Mindlin/SP.
27. *Os Protocolos dos Sábios de Sião*. São Paulo, Júpiter, 1988.
28. *Os Protocolos dos Sábios de Sião*. Coleção comemorativa do centenário de Gustavo Barroso (1ª reed.). Porto Alegre, Revisão, 1989, p. 17. A 5ª reed. data de 1991, mantendo a mesma capa e conteúdo.

Matrizes Anti-semitas: Edições Brasileiras dos Protocolos dos Sábios de Sião

Data	Referências	Capas: elementos simbólicos
1936	*Protocolos dos Sábios de Sião*. 1ª e 2ª edição, 1936; 3ª edição, 1938. Texto completo traduzido, apostilado por Gustavo Barroso. São Paulo, Minerva, 23 páginas. Transcrição para o português a partir da edição francesa prefaciada por Roger Lambelin. Antecede o prefácio os seguintes textos: *O perigo judaico*, de Roger Lambelin; *A Autenticidade dos Protocolos...* de W. Cretz, e *O Grande Processo de Berna sobre a Autenticidade dos Protocolos*, de Gustavo Barroso, 238 pp.	Serpente esverdeada e raivosa domina todo o espaço de um mapa-mundi, tendo a Palestina como ponto de irradiação do plano dos judeus para dominar o mundo. Sob sua cabeça uma estrela de David lhe dá uma identidade judaica. Parte do corpo estende-se pelo território americano cobrindo partes do Brasil, Argentina, Peru, México e Estados Unidos (Fig. 1 A- B)
1939	*Os Judeus e os Protocolos dos Sábios de Sião: História e Comentários*. Edição de G. Barroso confrontada por João Paulo Freire (Mário). Lisboa, Tip. Da Empresa Nacional de Publicidade, 1939, 385 pp. (Biblioteca Instituto de Filosofia e Ciências Humanas. Recife).	(Edição consultada sem capa original.) (Fig. 1 C)
S/d	*Os Protocollos dos Sábios de São: O Dominio do Mundo pelos Judeus*, s/e, s/d. (Acervo do Centro Literário S. José, Seminário de Olinda-PE).	Capa sem ilustração, apenas com o subtítulo do livro enquadrado em um losângulo. (Fig. 2).

continuação da tabela

Data	Referências	Capas: elementos simbólicos
1946	*Protocolos dos Sábios de Sião*, s/e, sem introdução e comentários.	Esfera terrestre sobre fundo azul-petróleo, serpente em cor dourada, escamas pretas e olhos vermelhos, traiçoeiros. (Fig. 3).
1946	*Protocolos dos Sábios de Sião*. Rio de Janeiro, Organização Simões, 2ª edição revista Série História. (Biblioteca Letras da FFLCH-USP)	Título em negrito fechado por uma moldura preta, fundo bege, sem ilustração. (Fig. 4).
1958	*Protocolos dos Sábios de Sião*. São Paulo, Eliseo. Sem introdução e sem comentários. 141 pp.	Velho pergaminho amarelecido pelo tempo sobre um fundo azul claro. Título em letras góticas vermelhas com destaque para a palavra SIÃO. (Fig. 5)
Anos 50	*O Domínio do Mundo pelos Judeus: Os Protocolos dos Sábios de Sião*, s/e, s/d, 111 pp.	Figura de um judeu colonizador (ibérico) que, com as mãos ensanguentadas, abraça um globo terrestre. A direita, parte de um candelabro dourado (Menorah). (Fig. 6).
S/d	*Os Protocolos dos Sábios de Sião*. São Paulo, Eliseu. 156 pp.	Fundo dividido na horizontal em duas cores: vermelho e amarelo. Sob este, em tons invertidos, o título do livro. Sem ilustração. (Fig. 7).
S/d	*Os Protocolos dos Sábios de Sião*, s/e, s/d, 156 pp.	Candelabro de sete braços (Menorah), sob fundo oval amarelo. Deste saem raios dourados sob fundo negro (Fig. 8).

continuação da tabela

Data	Referências	Capas: elementos simbólicos
1984	*Os Protocolos dos Sábios de Sião*. São Paulo, Júpiter, 159 pp.	Título em negrito sob fundo roxo, sem ilustração. (Fig. 9).
1988	*Os Protocolos dos Sábios de Sião: O Liberalismo, a Autonomia, as Leis, o Ouro, a Política, A Fé*. São Paulo, Júpiter, 159 pp.	Serpente esverdeada, raivosa, com grandes manchas vermelhas ao longo do corpo. Envolve um globo terrestre circundado por nove olhos negros. (Fig. 10).
1989	*Os Protocolos dos Sábios de Sião*. Coleção comemorativa do centenário de Gustavo Barroso (1ª reedição). Porto Alegre, Revisão, 172 pp.	Estrela de David em traços brancos sob um planisfério amarelo destacado no fundo negro. (Fig. 11).
1991	*Os Protocolos dos Sábios de Sião*. Coleção comemorativa do centenário de Gustavo Barroso (5ª reedição). Porto Alegre, Revisão. Atualiza o texto um "Anexo" culpando os judeus de corrupção, drogas, prostituição, AIDS etc.	Estrela de David em traços brancos sobre um planisfério amarelo destacado em fundo negro. (Fig. 12).

Fig. 1A: Capa, 1936.

Fig. 1B: Frontispício, 1936.

Fig. 1C: Capa, 1939.

Fig. 2: Capa e frontispício, s/d.

Fig. 3: Capa, 1946.

Fig. 4: Capa, 1946.

Fig. 5: Capa, 1958.

Fig. 6: Capa, década de 1950.

Fig. 7: Capa, s/d.

Fig. 8: Capa, s/d.

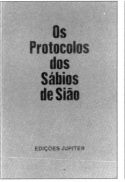

Fig. 9: Capa, 1984.

Fig. 10: Capa, 1988.

Fig. 11: Capa, 1989.

Fig. 12: Capa, 1991.

sexual, drogas, AIDS, corrupção, formação de cartéis na Feira Internacional do Livro etc. É, portanto, na sua capacidade de renovação e criatividade que se concentra a força do mito.

III. A Direita católica anti-semita no Brasil

A construção do perigo semita

Unidos pelo anti-semitismo e pelo nacionalismo exacerbado, os múltiplos segmentos da direita em atividade no Brasil mostraram-se solidários nos anos 30 e 40. Estado, Igreja e grupos políticos partidários – cada qual representado por seus intelectuais orgânicos, funcionários públicos, médicos eugenistas, militares, psiquiatras, bacharéis e jornalistas – investiram contra os judeus e o judaísmo acreditando na idéia de que estes conspiravam contra a ordem estabelecida. A década de 30 pode ser considerada como um marco simbólico da proliferação de libelos anti-semitas no Brasil, como *Os Protocolos dos Sábios de Sião*, *O Judeu Internacional*, de Henry Ford, ambos traduzidos por Gustavo Barroso (1936,1937). Nessa mesma época, foi também publicado *Do Governo dos Príncipes*, de São Tomás de Aquino, seguido do opúsculo *Do Governo dos Judeus*, traduzido do latim por Leonardo van Acker[29].

Enquanto os aparelhos censores e repressores do governo Vargas, o DIP e o DOPS[30], se preocupavam em "caçar" intelectuais e livros sediciosos identificados com a doutrina do credo vermelho, nada acontecia para aqueles que pregavam o ódio aos judeus. Uma intensa literatura anti-semita e propagadora do mito da conspiração judaico-comunista circulou livremente no Brasil entre os integralistas, os setores conservadores do Estado e da Igreja católica. Vale lembrar o conjunto de obras de autoria de Gustavo Barroso: *Judaísmo, Maçonaria e Comunismo* (1937), *Roosevelt es judio* (1938), *A Sinagoga Paulista* (1937), *Histó-*

---

29. Wilson Martins, *História da Inteligência Brasileira*, vol. VII (1933-1960), *op. cit.*, p. 93.

30. As siglas DOPS e DEOPS serão empregadas de forma distinta: DOPS – Departamento de Ordem Política e Social, em nível federal; e DEOPS, em nível estadual. O DEOPS do Estado de São Paulo atuou entre 1924-1983 estando seus documentos sob a guarda do Arquivo do Estado de São Paulo.

ria Secreta do Brasil (1937-1938), dentre outros títulos. Este contexto explica o fato de não encontrarmos livros anti-semitas entre aqueles que eram confiscados pela Polícia Política como "perigosos" à ordem social. Há registros de que livros anti-semitas, inspirados em obras européias, encontravam-se legalmente expostos nas vitrines das grandes livrarias paulistas e cariocas, além de integrarem as bibliotecas do Exército e das faculdades de Direito e Medicina.

Ao lado do mito da conspiração judaica-bolchevique proliferou, também, o mito da conspiração judaico-maçônica. A fórmula *conspiração de judeus-e-franco-maçons* – sustentada na Europa desde o século XIX por católicos e teóricos anti-semitas – ganhou adeptos no Brasil durante a década de 30, atrelada ao conceito da moderna Maçonaria, cuja origem tem suas raízes nos "antigos mistérios judaicos". Nesse sentido, os livros produzidos pela extrema-direita (católica e integralista) se prestaram para alimentar essa demonomania política que aproximava o judaísmo das sociedades secretas. Tais acusações deram força ao discurso dos grupos identificados com o pensamento da direita internacional que endossava o conceito de "judeu apátrida", "cosmopolita" e de "judeu errante", reafirmando a idéia de que estes estavam diretamente ligados ao comunismo internacional e ao pensamento socialista.

O revigoramento do discurso anti-semita e anticomunista coincide com a pressão exercida pelo afluxo crescente de judeus que, refugiados do nazismo entre 1933-1945, procuravam obter vistos de entrada no Brasil. A constatação de que existiam cerca de 10 mil imigrantes ilegais no país induziu os orgãos governamentais a radicalizar a política imigratória vigente com base no sistema de quotas. Além disso, a Polícia Política havia constatado a existência de uma ativa "ala idichista" junto ao Partido Comunista Brasileiro e que, concentrada no bairro do Bom Retiro, em São Paulo, difundia um intenso trabalho em favor do bolchevismo. Grande foi o número de judeus comunistas e estrangeiros acusados de participarem da "Intentona Comunista", suspeita que culminou com a prisão e a expulsão de inúmeros ativistas.

Os judeus comunistas do Bom Retiro foram descritos por informantes do DEOPS paulista como "conspiradores por excelência" e elementos astutos que conseguiam "encobrir seus movimentos, formando certas testas de ferro...". Esquematicamente, foram classificados em grupos diferenciados que, secretamente, agiam entre os intelectuais, estudantes, jornalistas, médicos e advogados. Uma outra ala judaica era acusada de manter estreitas conexões com elementos internacionais acobertados pelo Socorro Vermelho ("Cruz Vermelha Comunista"), Comitê Britânico e URSS, sendo esta última representada no Brasil por Macario Pospeloff[31]. Tratados como integrantes de uma sociedade secreta, os judeus eslavos eram os mais visados pois, segundo conclusões policiais, era sabido que existia "íntima relação entre judaísmo e comunismo".

Foi nesse contexto de intensificação do aparato repressivo que o "anticomunismo" se manifestou enquanto estratégia política dos grupos de direita interessados em legitimar a teoria da conspiração, componente inerente do mito do complô judaico internacional, como sugerem os autores Norman Cohn, Raoul Girardet, Pierre-André Taguieff e Leonardo Senkman[32].

Ao mesmo tempo em que circulava uma intensa literatura anti-semita pelos principais centros urbanos brasileiros, centenas de processos eram abertos contra os judeus imigrantes cujo crime político fundamentava-se na acusação de que eles "contrariavam a ordem instituída". Além de serem considerados elementos indesejáveis à composição da raça brasileira (idealizada como branca e católica), os judeus acumulavam outros estereótipos que os associavam à prostituição, ao tráfico de mulheres brancas, ao jogo e à trapaça. Essa acusação nos remete a 1897, data em que era encenada no Teatro Sant'Anna do Rio de Janeiro, a peça teatral *Os Cáftens*, composta em 1890 por Augusto Lopes Cardoso, português de origem.

Percebemos que as autoridades policiais atuantes entre 1930-1950 nada mais fizeram do que reeditar preconceitos seculares

---

31. "Relatório de um Informante (não identificado) para a Delegacia de Ordem Política e Social de São Paulo, out.-nov. 1941", in *Pront. nº 1.594, de José Peres*. DEOPS/SP. AESP.

32. Norman Cohn, *El Mito de la Conspiración Judia Mundial: Los Protocolos de los Sabios de Sión*. Madrid: Alianza Editorial, 1983; Raul Girardet, Raoul, *op. cit.*; Pierre-André Taguieff, *Les Protocoles des Sages de Sion*. Paris, Berg International Editeurs, 1992; Leonardo Senkman, "El antisemitismo bajo dos experiencias democráticas: Argentina 1959-1966 y 1973-1976", in Leonardo Senkman (org.), *El antisemitismo en la Argentina*, 2ª ed. corregida y aumentada. Buenos Aires, Centro Editor de América Latina S.A., 1989, pp. 54-60.

adaptando-os à nova realidade vivenciada pelos imigrantes judeus. O grau de periculosidade judaica era medido com base em seu passado histórico, postura imoral, inteligência e astúcia. Esta questão – a de que a comunidade judaica contava com a ação de homens cultos, inteligentes, teóricos da revolução etc. – fazia parte do discurso anti-semita corrente na época. Para vários autores nacionais e internacionais, os judeus poderiam ser facilmente identificados tanto por suas posturas antiburguesas e de críticas à sociedade capitalista, como por sua versatilidade e inteligência. Dentre os autores nacionais referendados por outros escritores anti-semitas brasileiros, podemos citar Afonso Arinos de Melo Franco, cuja obra *Preparação para o Nacionalismo* prestou-se para subsidiar *A Questão Judaica* (1937), de autoria do Pe. João Cabral. Nesse libelo anti-semita, os livros de Melo Franco aparecem citados ao lado de outros com o mesmo teor, como *O Judeu Internacional* (1933), de Henry Ford, e *Israel sem Máscara* (1933), compilação feita por Vidold Kowerski.[33]

Para Melo Franco, tanto a inclinação psicológica como a atividade natural do instinto levavam os judeus a duas direções contrastantes: "o banco e a célula revolucionária, e ele serve ao internacionalismo capitalista, sendo banqueiro, e serve ao internacionalismo proletário, sendo agitador comunista. Esta contradição inverossímil encerra, afinal, impulsos de uma unidade psicológica absoluta". Essa tese reforçava, segundo Wilson Martins, o *Judeu sem Dinheiro (Jews Without Money)*, de Michael Gold (reeditado em 1935), romance que narra a história da pobreza judaica no gueto de Nova York, segundo a qual o "*judeu rico é sempre capitalista*" e o "*judeu sem dinheiro é revolucionário*".[34]

Afonso Arinos nega, em vários momentos de sua obra, ser um anti-semita, considerando a questão judaica como inexistente no Brasil. Identificava o marxismo como uma simples manifestação do internacionalismo judaico e o capitalismo como empresa universal dos judeus ricos. Suas idéias encontravam res-

---

33. Afonso Arinos de Melo Franco, *Preparação ao Nacionalismo*. Rio de Janeiro, Civilização Brasileira, 1934, p. 46; do mesmo autor ver *Introdução à Realidade Brasileira*. Rio de Janeiro, Schmidt, 1933; Vitold Kowerski, *Israel sem Máscara: Arios, Cerrae fileiras!*. Rio de Janeiro, Calvino Filho, 1933.

34. Wilson Martins, *História da Inteligência Brasileira*, vol. VII (1933-1960), *op. cit.*, pp. 22, 26, 27.

paldo nas obras de Mário Saa e Solidônio Leite, e primava por identificar judeus por toda a parte: começa pelos antepassados de Rousseau (Jacó), chegando até Salazar, que não perdia para o seu "nariz de judeu"[35].

Em 1933 foi publicado *Israel sem Máscara*, compilação de textos de autoria de Vitold Kowerski, apresentado como uma tradução "quase verbal" do livro *O Accaso de Israel (Zmierzch Izraela)*, de Henryk Rolicki (Polônia, 1932). Kowerski dedicou este seu trabalho ao "amigo Coronel Manuel dos Passos Maia, aos demais bons amigos e a todos os seus ex-discípulos disseminados pelo Brasil". Percebemos que, em rede, o anti-semitismo fazia escola no país enquanto fenômeno político e social. Segundo o autor de *Israel sem Máscara*, esta obra havia sido escrita para o público polonês com o propósito de "frisar os prejuízos que Israel causou à Polônia, sua collaboração activa com os inimigos do paiz que o hospedou há séculos..." e para "se comprehender perfeitamente esse trabalho clandestino dos filhos de Abrahão e dos seus auxiliares arios..."[36].

Kowerski apresenta o judeu como um estranho à sociedade brasileira, incapaz de assimilar a cultura nacional, pois, essas "coisas estranhas, o judeu só póde imitá-las como macaco...". O autor atiça o ódio a esse grupo parafraseando frases de Hitler ("Juda verrecke!' e "Judeu desapareça!") e Lutero ("É preciso pôr fogo por baixo das suas synagogas e escolas; quem puder, junte pixe o enxofre..."). Ao correlacionar o judaísmo com a ação das sociedades secretas fundadas pelos judeus entre os arianos, o autor enfatiza o perigo da presença judaica em todos os terrenos da vida brasileira, reproduzindo a tese desenvolvida pel'*Os Protocolos dos Sábios de Sião*.

A idéia de que os judeus estavam sempre envolvidos com a anarquia e movimentos revolucionários com o objetivo de atender aos seus próprios interesses – em detrimento do bem estar do povo que morre de fome e na miséria –, é uma constante no discurso anti-semita dos anos 30. Para Kowerski, a vitória da idéia da revolução francesa havia entregue a vida econômica da Europa e da América às mãos das finanças judaicas. Manipu-

---

35. Afonso Arinos de Melo Franco, *Preparação ao Nacionalismo, op. cit.*, p. 46.
36. Vitold Koverski, *op. cit.*, p. 368.

lando o conceito de invisibilidade, de filantropia oculta e traição, esse autor colabora para a estruturação do mito do complô judaico secreto internacional, artifício amplamente explorado pelo governo Vargas ao divulgar a descoberta do Plano Cohen em 1936.

Interpretação similar é apresentada por Oswaldo Gouvêa em *Os Judeus do Cinema* (1935), que defende a idéia de que a associação articulada entre Marcus Loew, Louis B. Mayer e Samuel Goldwyn, criadores da Metro-Goldwyn-Mayer, tinha como propósitos aumentar seus capitais e dominar o mundo. Definidos como "senhores de todas as telas", inclusive as italianas, alemãs e francesas, esses judeus estariam levando o cinema à obscuridade. Inteligência, astúcia, mentira, força física e predisposição para o trabalho prestam-se como atributos "negativos" para qualificar esses velhos cinematografistas ianques, que impunham ao mundo "requintados gostos pelo crime e pela luxúria". Ao longo do texto, os diretores judeus vão assumindo um perfil de perversidade, sendo responsabilizados pela divulgação do Mal enquanto forças desagregadoras do lar, da pátria e da família[37].

Para Oswaldo Gouvêa, o espírito judaico era uma ameaça ao mundo por suas concepções terroristas e dissolutas. Em Hollywood – definida como abrigo dos judeus e capital da mentira, do embuste, do escândalo e da ruína –, o espírito judaico absorvia tudo transformando o astro cinematográfico em frágil boneco sem personalidade própria, mero "typo designado". A clássica metáfora da luta entre o Bem (cristãos) e o Mal (judeus) é acionada para demonstrar como o velho judeu transpunha para o celulóide "todo o seu furor". O poder maligno dos judeus é visualizado para além das telas de Hollywood. O sucesso e a decadência de Marlene Dietrich assim como a desnacionalização do cinema brasileiro são apresentadas como consequência dos processos judaicos, responsabilizados pela propagação de idéias aniquiladoras da moral e da sociedade cristãs.

Gouvêa culmina seu raciocínio argumentando que todos os astros, principalmente aqueles que "gosavam a vida canabalescamente nos palacetes de Berveli Hils" (*sic*), eram comunistas.

---

37. Oswaldo Gouvêa, *Os Judeus do Cinema*, Rio de Janeiro, Graphica São Jorge, 1935.

E, como adeptos do credo moscovista, "viviam de embriaguez nos cabarets luxuosos, despersonalizados e deshumanizados". De acordo com sua tese, ninguém estava livre do capitalismo judaico, nem mesmo a imprensa norte-americana e brasileira, vítimas da campanha "silenciosa e secreta dos magnatas judeus da Broadway"[38].

A essa literatura intolerante somou-se a peça teatral *A Vingança do Judeu* (1943), de Augusto Vampré, que – inspirado no romance mediúnico de J. W. Rochester, psicografado pela médium russa Wera Krijanowsky em 1890 – reavivou preconceitos seculares[39]. Importante lembrar que, nos dias atuais, reedições de *A Vingança do Judeu* continuam a circular sob os auspícios da Federação Espírita Brasileira que, ao reeditar expressões anti-semitas "colocadas" na boca de um espírito – no caso, John Wilmot, o conde Rochester (1647-1680) – colabora para a sobrevivência de preconceitos seculares[40].

Pregações católicas anti-semitas

Durante séculos, a Igreja católica pregou o anti-semitismo através de pedagogia própria e de uma literatura instigadora da desconfiança e do desprezo pelos judeus. Tanto os catecismos (manuais de ensino), como os sermões de autos-de-fé e a arte pictórica veicularam mensagens anti-semitas que, até os dias de hoje, se mantêm arraigadas no imaginário coletivo brasileiro. Somente na década de 1960 é que o Papa João XXIII reconheceu publicamente esta posição ao formular, em decorrência do Concílio Ecumenicano Vaticano II, o documento *Nostra Aetate* (1965). Na passagem entitulada *De reigione judaica*, a Igreja sugere que se evite posições anti-semitas no ensino do Evangelho, postura que moldou mentes malditas.

No início do século XX, o surgimento de escritos nacionalistas mostraram uma Igreja passadista e autoritária que, enfati-

---

38. *Idem*, pp. 32, 37.
39. John Wilmot Rochester, *A Vingança do Judeu*. Obra psicográfica por Wera Krijanowsky, 1ª ed. em português. Rio de Janeiro, Livraria e Editora Garnier; Federação Espírita Brasileira, 1903.
40. John Wilmot Rochester, *A Vingança do Judeu*, 15ª ed. Rio de Janeiro, Federação Espírita Brasileira, 1993.

camente, tentava retomar o diálogo vivo com a cultura leiga do país, fato consagrado somente após 1930. Foi, a partir desta década, que os jornais e semanários católicos brasileiros começaram a publicar resenhas e sugestões de leituras anti-semitas, conforme pode ser constatado no jornal *Vozes de Petrópolis*, editado por Henrique Golland Trindade e na revista *A Ordem*, fundada em 1921 pelo católico nacionalista Jackson de Figueiredo[41].

Verificamos uma reação explícita contra a mentalidade agnóstica que prevalecia entre as elites intelectuais identificadas com os movimentos liberais, maçônicos e anti-clericais. Foi contra eles que os representantes do pensamento católico nacionalista lançaram uma série de acusações que faziam referências a possíveis maquinações secretas equacionadas pela liderança de grupos judaicos. Jackson de Figueiredo, por exemplo, ao escrever sobre a filosofia de Farias Brito, em 1916, já se mostrava atualizado com as concepções defendidas pelos *Protocolos dos Sábios*. Neste artigo, Figueiredo refere-se a uma conspiração internacional "diabólicamente" interpretada por judeus opulentos, ricos. Ao discutir a relação entre religião e filosofia, o autor exalta o catolicismo como religião superior, a única capaz de dar orientação política e moral aos indivíduos. Os judeus são definidos como "um outro pequenino povo que nunca teve uma afirmação da inteligência no terreno das construções filosóficas"[42].

A este segmento do pensamento reacionário se juntaram Álvaro Bomilcar, autor de *O preconceito de raça no Brasil* (1916), Hamilton Nogueira, autor de *A Doutrina da Ordem* (1925), e Alcibíades Delamare, autor de *As duas bandeiras: Catholicismo e Brazilidade* (1924)[43]. Ao longo dos anos 20, esses propagandistas católicos deixaram por conta do imaginário

---

41. Cf. pesquisas desenvolvidas por Graziela ben Dror, da Universidade Hebraica de Jerusalém, Israel.

42. Jackson de Figueiredo, *Algumas Reflexões sobre a Philosophia de Farias de Brito*. Rio de Janeiro, Typographia Revista dos Tribunais, 1916. FDSF/SP.

43. Alvaro Bomilcar, *A Política no Brazil ou o Nacionalismo Radical*. Rio de Janeiro, Leite, Ribeiro e Maurillo, 1920; Hamilton Nogueira, *A Doutrina da Ordem*. Rio de Janeiro, Ed. Centro Dom Vidal; Annuário do Brazil, 1925; Alcibíades Delamare, *As Duas Bandeiras: Catholicismo e Brazilidade (Discursos e Conferências)*. Rio de Janeiro, Centro Dom Vidal; Annuário do Brazil, 1924.

coletivo a construção da imagem do inimigo, identificado ora com o "anjo caído", ora com o Anticristo, figura bestial profetizada no Apocalipse como um sinal do final dos tempos. Identificado com os males e os vícios da modernidade, o Anticristo foi "revelado" de forma figurada (comunismo) no editorial *666*, publicado pela revista *A Ordem*, em outubro de 1931. Inspirado em um poema lido por Frederico Schmidt durante a inauguração do estátua do Cristo Redentor (Corcovado, Rio de Janeiro, 1931), o editorial não deixa dúvidas sobre a vinda do Animal do Apocalipse, que chegaria "na calada da noite": era "falso, medíocre" e "porque anda na sombra se diz perseguido, se diz maltratado e se queixa de que fala em nome de um ideal"[44].

Cabe ressaltar que a lenda do Anticristo – que remonta aos primeiros tempos da era cristã – somente assumiu características mitológicas durante a Idade Média, sob os princípios escolásticos de Tomás de Aquino e Alberto Magno, dentre outros. Foi nessa época que se estabeleceu definitivamente a linhagem judaica do Anticristo que, por essa razão, teria recebido o apoio efetivo dos judeus, interpretados como "agentes de Satanás". Os rumores correntes eram de que essa "gang judaica terrível e misteriosa conquistaria o reino cristão até aniquilá-lo". Coincidentemente, uma outra figura fez sua aparição inspirada no imaginário medieval europeu: o "judeu errante" que, segundo a lenda, só morreria quando Cristo (o Messias histórico) regressasse à terra.

Ao longo dos séculos, uma lista de crimes e articulações secretas foram sendo atribuídas aos judeus "para os quais nada era impossível, dada a sua natureza depravada e malígna"[45]. No século XX, tais acusações encontraram eco no mito da conspiração judaico-comunista e judaico-maçon fomentado pelo texto apócrifo dos *Protocolos*, conforme se depreende da explicação dada por Sergey Nilus na sua edição de 1905[46].

---

44. Editorial "666", in Revista *A Ordem*, out. 1931; "A Vinda do Inimigo", poesia lida por Frederico Schmidt *apud* Damião Duque de Farias, op. cit., pp. 70-73.
45. Joshua Trachtenberg, cap. II- "El Anticristo", in *El Diablo y los Judios*. Buenos Aires, Paidós, 1975, pp. 54-81.
46. Cf. Norman Cohn, *El mito de la conspiración judia mundial*. Madrid, Alianza Editorial, 1969, p. 300. Sobre os diferentes usos d'*Os Protocolos* ver: Pierre-André Taguieff, *Les Protocoles Des Sages de Sion*. Paris, Berd International Editeurs, 1992, 2 vols.

Considerando-se que o ódio aos judeus não tem uma sustentação racional, podemos afirmar que este foi sendo propagado – tanto pela Igreja católica como pelo Estado republicano brasileiro – através de técnicas de persuasão que se prestaram como *estímulos* imediatos ao subconsciente de massa. Está provado que, nos momentos de crise, há sempre a necessidade de se apontar um culpado (o inimigo-objetivo), cuja imagem vai sendo "construída" ao sabor dos preconceitos e interesses políticos, econômicos ou sociais[47].

A imagem maléfica do judeu – e que emerge na literatura e nos ritos católicos registrados desde os tempos coloniais – tem suas raízes mais remotas na Idade Média quando, durante as cerimônias articuladas para a Semana Santa, a Igreja católica costumava solicitar ao braço secular que lhe cedesse um pobre judeu criminoso para representar a figura de Satanás. A ele, então sujeito a insultos, bofetadas e escarros, eram atribuídos os males, as guerras, as pestes, os saques, os incêndios e os terremotos. Como bode-expiatório do antigo rito, o judeu encarnava a figura do Diabo, ora animalizada, ora humanizada. Estigmatizado por teólogos, o judeu acumulou acusações seculares que, a partir da segunda metade do século XIX, foram sendo readaptadas sob o signo da modernidade[48].

Ao longo da Idade Moderna e Contemporânea, a Igreja católica colocou em circulação uma série de outras informações contraditórias que favoreceram a persistência de mitos teológicos. Desvirtuando fatos históricos inerentes à história do povo hebreu e às relações entre Jesus (o Messias cristão) e Israel (o povo judeu), a Igreja foi a responsável por uma série de mitificações fundadas nas seguintes questões: a "dispersão do povo de Israel, o judaísmo como uma religião degenerada em superstição e os judeus como um povo deicida"[49].

A Diáspora, apesar de datada do ano 70 do século I da era cristã, é explicada como sendo "um castigo divino pela crucifi-

---

47. Hannah Arendt, *Anti-semitismo. Instrumento de Poder: Uma Análise Dialética*, trad. Roberto Raposo. Rio de Janeiro, Documentário, 1975.
48. Raoul Giradet, *Mitos e Mitologias Políticas*. São Paulo, Companhia das Letras, 1987.
49. Jules Isaac, *Las raíces cristianas del antisemitismo: La enseñanza del desprecio*. Buenos Aires, Editorial Paidós, 1966, pp. 71, 85.

cação de Jesus", ainda que inúmeros estudos comprovem que a dispersão começou mais de meio milênio antes da era cristã e se prolongou por muitos anos após Cristo. A essa idéia soma-se a crença de que os judeus nos tempos de Cristo, "cegos por Satanás", eram incapazes de compreender as suas próprias escrituras, a Lei Mosaica (Torá), considerando que "o judaísmo estava em decadência reduzido a um puro formalismo exterior..."[50]

No entanto, o conceito cristão de "povo deicida" pode ser avaliado como um dos temas mais nocivos divulgados pela Igreja católica contra os judeus. O crime do deicídio – ainda presente no imaginário cristão brasileiro deste século XXI – vem sendo alimentado por pregações de padres católicos, pastores batistas e protestantes. Distorções de fatos históricos podem ser identificadas em várias passagens dos Evangelhos e manuais de ensino católico, que fazem referências à flagelação, à coroação de espinhos e à crucificação de Jesus Cristo[51]. Tanto que, ainda nos dias de hoje, existe uma aceitação coletiva por parte do povo católico brasileiro sobre o significado simbólico da queima do Judas no Sábado da Aleluia. Apesar de algumas modificações – como a transferência do rito para o Domingo, como sendo "a Aleluia pela Ressurreição" –, a malhação do Judas ainda sobrevive aos sábados como uma tradição soberana da Igreja católica.

Transmitido de geração em geração, o rito da matança de Judas não deve ser interpretado como um fenômeno típico da realidade brasileira mas como um exemplo de transfiguração cultural. Estamos diante da sobrevivência de uma festa pagã (*Compitales Romanas*) e que a Igreja católica denominou de "fogo de Judas", adaptando-a, posteriormente, aos seus propósitos: de realizar a queima simbólica de um fantoche representando a figura do traidor de Jesus[52]. Ático Vilas-Boas da Mota,

---

50. Importante investigação foi realizada por R. P. Démann e Renée Bloch que, nos anos 50, avaliaram inúmeros manuais de ensino católico. Esse estudo foi publicado sob o título *La catéchese chrétienne et le peuple de la Biblie*, pela editora de los Cahiers Sioniens, 1950-1952. Cabe ressaltar que tais questionamentos somente se tornaram possíveis após a descoberta em 1950 dos manuscritos conhecidos como os pergaminhos do Mar Morto que comprovam, dentre outros fatos, a vitalidade do judaísmo pré-cristianismo *apud* Jules Isaac, *op. cit*., pp. 67-71.

51. *Idem*, pp. 122, 123.

52. Por exemplo, no final do século XIX este ritual ainda era observado na Córsega, em Lixing (na Lorena alemã), em Nelling e Mittelbronn. Costumes

em seu estudo sobre esse rito, identifica a queimação de Judas como uma "sobrevivência da condenação em efígie", fórmula sustentada pelo Santo Ofício ibérico para condenar aqueles que conseguiram escapar ou que morreram antes de receber a sentença. Ao seu ver, a malhação do Judas seria um resíduo folclórico, transfigurado, mas que traduz a perseguição às práticas de expurgo desencadeadas ao longo da Idade Média. Segundo a índole do Estado moderno e da Igreja católica, esse rito de expurgação (purificação) tem como propósito eliminar tudo aquilo que simbolize o mal e, como tal, venha a desequilibrar a ordem estabelecida[53].

De efeito teatral extraordinário – uma espécie de circo romano com troca, obviamente, de protagonistas –, essa pantomima extrapola o espetáculo da comemoração assumindo características típicas do anti-semitismo popular: de paranóia ou de histeria coletiva. Registrado pelo viajante Jean Baptiste Debret, que viveu no Brasil entre 1816-1831[54], o rito da malhação do Judas persistiu até o final de 1970 (o que não quer dizer que desapareceu) enquanto um dos acontecimentos mais significativos do encerramento da Semana Santa em vários estados brasileiros[55].

semelhantes são encontrado em outras partes da Europa: Tirol, Alta Baváría, Francônia, Colônia, Sarre, Inglaterra, Suíça, Portugal etc; e América Latina, como Chile, Uruguai e Brasil. No Alto Reno, por exemplo, "queimar o Judas" simbolizava "queimar o judeu, judeu vermelho ou judeu eterno". Em Portugal – possivelmente inspirado nos rituais dos autos de fé inquisitoriais – a queima de Judas, durante a qual se estralejavam bombinhas espalhadas pelo corpo do boneco-fantoche, era antecipada por julgamento em que o pregoeiro ou o juiz anunciava os crimes praticados. Rossini Tavares de Lima, *Folclore das Festas Cíclicas*. Rio de Janeiro, Irmãos Vitale Editôres, 1971, pp. 37-59.

53. Ático Vilas-Boas da Mota, *Queimação de Judas: Catarismo, Inquisição e Judeus no Folclore Brasileiro*. Rio de Janeiro, MEC, SEAC, FUNARTE; Instituto Nacional do Folclore, 1981.

54. Descrições detalhadas sobre este ritual podem ser encontradas nas obras de Jean Baptiste Debret, *Viagem Pitoresca e Histórica ao Brasil*. São Paulo, Livraria Martins Fontes, 1940; Euclides da Cunha, *À Margem da História*. 5ª ed., Porto, Lello & Irmãos, 1941 (1ª ed., 1909); Gustavo Barroso, *Coração de Menino*. Rio de Janeiro, Getulio M. Costa Editor, 1939; Osvaldo Rocha Lima, *Pedaços do Sertão*. Rio de Janeiro, A. Coelho Branco Filho Editor, 1940; Guilherme Santos Neves, "Os Judas", in *Folclore*, Órgão da Comissão Espiritosantemente de Folclore, Ano I, nº 3, mar.-abr., 1950.

55. O ato da malhação continua a ser praticado em várias cidades brasileiras. No Estado de São Paulo são conhecidos os festejos das cidades de Itu, Cotia, Capivari e Pirapora do Bom Jesus.

Como participantes deste ritual, adultos e crianças costumam justificar sua agressividade ao fantoche do "traidor Judas Iscariotes" porque ele "é mau" ("Cuisaruim"), "matou o papai do Céu", "por ser uma vingança dos católicos contra os judeus", "vendeu Jesus e o condenou ao Calvário"[56]. Em abril de 1849, o jornal *O Campineiro* registrou o apedrejamento dos Judas – "de palha bem entendido" – como um acontecimento célebre por ser o destinado pelos usos da Igreja acompanhado de "banda de música percorrendo as ruas da cidade de Campinas"[57]. Em síntese: não importa em que material o fantoche de Judas foi confeccionado (palha, pano, madeira ou papel); e sim reconhecer que estamos diante de um rito de sacrifício secular, uma forma de expiação na qual a imagem do Judas é símbolo da traição a Cristo, e por extensão, do ódio do povo que o associa à figura do judeu. Dentre os versos ditos pelos participantes vale registrar:

1. Judeu, judeu,
   O português
   Que apanhou do espanhol!

2. Judas foi para Roma
   Vender Jesus,
   Depois foi enforcado
   Coitado!

Mas não é apenas no rito da malhação do Judas que o anti-semitismo popular se manifesta amparado por práticas católicas. Em várias regiões do Estado de São Paulo (Botucatu, Itapitininga, Angatuba, Pratânia, Itatinga, Avaré etc.), Mato Grosso e Goiás, por exemplo, se processa a "Recomenda das Almas" ou "Dia da Judiaria ou da malvadeza", costume herdado do catolicismo português. Esse evento, que acontece na noite da Quinta-feira Santa, simboliza o momento em que Jesus está sepulto e o Satanás está solto praticando malvadezas de todos os tipos[58].

---

56. Cf. resultado de 50 pesquisas de campo coordenadas por Rossini Tavares de Lima entre 1950-1951 em vários locais do Estado de São Paulo. Rossini Tavares de Lima, "A malhação do Judas em São Paulo", in *Revista do Arquivo*, nº 163, 1959, Incluindo "Testamentos"; "Queima do Judas", in *Revista Brasileira de Folclore*, 12 933), pp. 171-176, maio-jun., 1972 ; Américo Pellegrini Filho, *Calendário e Documentário de Folclore Paulista*. São Paulo, Instituto Musical de São Paulo, 1975, pp. 73-77; Alceu Maynard Araujo, *Cultura Popular Brasileira*. São Paulo, Melhoramentos; MEC, 1973, pp. 152-153.
57. "Ao Público", in *O Campineiro, 10 de abril de 1849*. São Paulo, Typographia Liberal, 1849, pp. 13, 14, Biblioteca J.Mindlim/SP.
58. Alceu Maynard Araujo, op. cit., p. 154.

Podemos considerar que, ao longo dos séculos, a Igreja manipulou a imagem do judeu de forma a relacioná-lo com a figura de Satanás, configurando o processo de "demonização". Esse – dependendo do tempo histórico em que se insere – assume múltiplas feições (banqueiro, bolchevista, capitalista, comerciante, médico envenenador), representando metaforicamente pestes, terremotos, subversão, pragas, AIDS, corrupção, tráfico de drogas e prostituição.

Constatamos que, a partir da segunda metade do século XIX, o discurso anti-semita sustentado pela Igreja católica no Brasil passou por reformulações, influenciado pelas mudanças ocorridas na Europa: os avanços da moderna ciência, o fortalecimento da maçonaria, a proliferação do pensamento liberal, do republicanismo e do positivismo. Com o fim da união com o Estado, a Igreja de Roma procurou reabilitar o poder eclesiático – processo conhecido como romanização ou ultramontanismo, iniciado por volta de 1820 –, movimento que no Brasil se fez retardado pela persistência do Padroado e pelo processo de laicização da sociedade civil. Somente após o Concílio Vaticano I (1869-1870) e com a proclamação da República em 1889, é que a Igreja brasileira reatou suas ligações com Roma, preocupada em reabilitar os preceitos católicos no mundo.

Numa verdadeira cruzada evangélica, a Igreja brasileira investiu no combate à maçonaria, ao liberalismo e ao positivismo avaliados como mentores de atos anticristãos. O momento – caracterizado como de crise – exigia um verdadeiro reordenamento de valores morais e sociais de forma a combater o agnosticismo e o cientificismo traduzidos como "males da modernidade"[59]. Nesta sua investida de recristianização do Estado brasileiro, a Ordem dos Feanciscanos fundou em 1907 a revista *Vozes de Petrópolis* destinada a "combater a inundação de más leituras, que tão grande perigo constituem para a Igreja e o Estado". Declarado o perfil do combate, a revista definiu seus inimigos: o socialismo, maçonaria, o espiritismo, o judaísmo, o protestantismo,

---

59. Romualdo Dias, *Imagens de Ordem: A Doutrina Católica sobre Autoridade no Brasil (1922-1933)*. São Paulo, Editora Unesp, 1996, p. 46; Damião Duque de Farias, *Em Defesa da Ordem: Aspectos da Práxis Conservadora Católica no Meio Operário em São Paulo (1930-1945)*. São Paulo, Hucitec; História Social, USP, 1998.

o modernismo, o ateísmo, a cataquese leiga e o positivismo. Este periódico apresenta-se como pioneiro no endosso ao mito da complô judaico-comunista oferecendo suporte para a propagação das idéias sustentadas pelos *Protocolos dos Sábios de Sião*. Em 1910, o artigo de Juremita, "Agência Telegráfica Internacional Católica", denunciava a hegemonia dos judeus e dos maçons sobre as agências noticiosas internacionais como um dos problemas a serem enfrentados pela imprensa católica. No ano seguinte, o Frei Pedro Sinzig, nascido em Linz (Alemanha) e radicado no Brasil desde 1893, publicou "O Púlpito Moderno", sinônimo empregado para definir a imprensa brasileira e mundial que, ao seu ver, encontrava-se dominada por "judeus de casaca e cartola ouvidos respeitosamente pelos católicos". Esta idéia é ampliada por Francisco de Lins que, no mesmo ano de 1912, acusa os judeus de monopolizar a imprensa e as redes de sexo internacionais. Em seu artigo "Toque de Fogo!" destaca-se as promessas sedutoras feitas por aliciadores de judeus que, dedicados a recrutar mulheres para a prostituição, prometiam transformar as jovens em renomadas estrelas teatrais.

A partir de 1919, *Vozes de Petrópolis* publicou sistematicamente textos anti-semitas vinculado judaísmo ao comunismo. Em 1919 o Pe. Marino Pover frisou esta ligação ao destacar Evno Azev como um dos destacados chefes do terrorismo russo. Apresentado como judeu, Azev é descrito como "homem inteligente, mas falho de escrúpulos, como a maioria de seus correligionários". Esta idéia é reafirmada na transcrição de conferência do ministro Viveiros de Castro, "A Questão Social: o Socialismo, o Judaísmo e o Catolicismo". Publicado em 1920, o texto acusa os judeus de terem se unido à maçonaria no combate às crenças católicas e de dominarem a política financeira do país através do seu sistema bancário. Este tom acusatório se repete na narrativa do Pe. Muckermann que, em agosto de 1920, descreve a resistência dos católicos aos bolchevistas durante o assalto à Igreja de São Casimiro, em Vilna. Qualificando os judeus como impopulares na cidade, responsabiliza-os pela tensão entre católicos e comunistas ao instigarem o povo a atirar contra o templo.

Este alerta contra o "perigo judeu" é reforçado por resenhas de exaltação aos *Protocolos dos Sábios de Sião* que, segundo Soares de Azevedo, um dos redatores de *Vozes de Petrópolis* carecia de uma edição em português, o que ocorrerá somente em 1936 com tradução e comentários de Gustavo Barroso. Comentando a versão *The Jewish Peril: Protocols of the Leanerd Elders of Zion*, o redator enfatiza o seu poder de o povo brasileiro sobre o que "está se preparando, na sombra, contra a paz do mundo". Referindo-se a "conspiração judaica contra a civilização cristã e contra o clero católico" denuncia a hegemonia judaica no campo da imprensa, associando o judaísmo ao comunismo. Estas investidas anti-semitas foram complementadas pelo artigo "O Bolchevismo Russo", de autoria do Pe. Marino Pover que chama a atenção dos seus leitores para o "lado altamente significativo de ser de origem judaica a quase totalidade dos chefes bolchevistas, tanto na Rússia como em outros países". Referindo-se a "fúria anticristã" destes homens que arrastaram a Rússia à beira da destruição econômica, conclama pela vinda de um Salvador para acabar com o "bolchevismo que, ao seu ver, desencadeou os piores instintos, a animalidade do homem"[60].

Após a I Guerra Mundial, a cultura brasileira foi dominada por um sentimento nacionalista exacerbado que abriu espaço para o fortalecimento destes segmentos católicos identificados com o pensamento autoritário. Anti-semitismo, anticomunismo e catolicismo reacionário os distinguiam dos grupos mais moderados e dos liberais. Essa postura fortaleceu segmentos representativos do pensamento conservador da Igreja católica no Brasil que, a partir de 1926, procurou reatar suas vinculações com o Estado. Neste contexto, o padrão ultramontano de família, moral e propriedade coincide com a gêneses do discurso de cunho fascista que circulava no Brasil preparando terreno para a implantação de um regime autoritário nos anos 30 e 40.

60. Artigos anti-semitas publicados na revista franciscana *Vozes de Petrópolis*: Jumireita, "Agência Telegráfica Internacional Católica", jan.-jun., pp. 843-846; Pedro Sinzig, "O Púlpito Moderno", jan.-jul., 1912, pp. 14-17; Pedro de Lins, "Toque de Fogo" Lágrimas de Sangue!, jan.-jun., pp. 579-584, Viveiros de Castro, "A Questão Social: o Socialismo, o Judaísmo e o Catolicismo", pp. 172-174; Muckermann, "Os Bolchevistas em Vilna até o Assalto à Igreja de São Casimiro", 16 ago. 1920, pp. 975; Soares de Azevedo, "O Perigo Judeu", 1 nov. 1920, pp. 1313-1315. Material arrolado por Cláudio Almeida Aguiar em *Meios de Comunicação Católicos na Construção de uma Ordem Autoritária: 1907-1937*. Tese de Doutorado em História Social. Departamento de História, FFLCH-USP, 2002.

O clima de insegurança social e econômica do entreguerras contribuiu para a retomada de uma série de mitos políticos dentre os quais o do complô judaico-comunista e da conspiração judaico-maçônica. A idéia corrente, característica do Catolicismo Social, era de que "na doutrina católica encontrava-se a solução para todos os problemas da questão social". Tanto na revista *A Ordem* como no jornal *O Legionário*, publicações católicas emergentes nos anos 20, o comunismo é denunciado como um mal a ser combatido pelo conservadorismo católico. No Rio de Janeiro esse movimento nacional de restauração católica era liderado por D. Sebastião Leme e Jackson de Figueiredo, tendo como porta-voz a revista *A Ordem* e o Centro Dom Vital, articulados com os grupos oligárquicos.

De acordo com o pensamento dos intelectuais católicos integrantes desse movimento de restauração, a civilização moderna havia se transformado, com o liberalismo laico, em uma "civilização dessacralizada, acristã, burguesa e materialista". Tais atributos – interpretados como símbolos de regressão moral e social – foram reafirmados na década de 30 pelos católicos anti-semitas.

A partir da década de 30, elementos políticos e científicos somaram-se aos preceitos anti-semitas sustentados pela Igreja católica desde o século XV (deicização, demonização etc.). Relacionando a imagem estereotipada dos judeus ao comunismo, os membros conservadores da Igreja passaram a considerá-los como uma ameaça à ordem social e à política brasileiras. Esse contexto abre espaço para o anti-semitismo latente de Fernando Callage[61], autor de várias obras. Em 1939, o Revmo. Padre T. R. P. Devaux, Superior-geral dos Padres Missionários de Nossa Senhora de Sião, prefaciou a obra *Os Judeus e nós os Cristãos* (do original francês *Les Juifs, et nous Chrétiens*), de Oscar de Férenzy. Nesse seu texto, o Pe. Devaux diverga sobre a existência ou não de uma questão judaica no Brasil. A resposta está em Férenzy, cuja obra é apresentada a serviço da verdade e da paz e a causa do bem. E a "verdade" deste é que os judeus, em todos os países onde vivem, constituem um elemento estranho à nação que os acolheu. Ao seu ver, o erro está em acreditar que haja

---

61. Fernando Callage, *Sociologia Católica e o Materialismo (Questão Social)*. São Paulo, s/ed., 1939.

judeus assimilados: "É por isso que o judaísmo é um poder de destruição infernal"[62].

É sob o prisma da dinâmica dos mitos políticos que devemos analisar alguns dos artigos publicados pela revista *A Ordem*, porta-voz da Igreja católica nas décadas de 30 e 40. Nas páginas desse periódico, o judeu é apresentado como "inimigo da civilização ocidental cristã", vítima propícia para aliviar a tensão social intensificada durante o governo autoritário de Getúlio Vargas. Assim, como na maioria dos periódicos expressivos dos fascismos europeus[63] (franquismo, nacional-socialismo, salazarismo etc.), a revista *A Ordem* investiu numa crítica arcaizante da modernidade expressa através da retórica anti-comunista e anti-semita.

Parte dos textos publicados pela *A Ordem* na década de 30 insistem numa equiparação do judeu com a figura do militante marxista, o capitalista liberal e o maçon, elementos de referência para a interpretação de uma visão da história propícia a "construção" do mito das conspirações. Tanto o judeu-marxista como o judeu-liberal são, geralmente, apresentados como símbolos da degeneração que atinge a sociedade moderna. Numa verdadeira simbiose Igreja-Estado, os artigos alimentam a idéia de uma "Nova Cruzada" movida pelos sentimentos de xenofobia, anti-semitismo e nacionalismo exacerbados. Entre os principais colaboradores estavam Plínio Corrêa de Oliveira e Osório Lopes, cujos escritos comportam as principais teses do anti-semitismo moderno: da conspiração internacional comunista-maçon-judaica; do judeu invasor e errante por natureza, da vitimização do povo de Israel e do povo deicida[64].

---

62. T. R. P. Devaux (Pe), "Prefácio", in Oscar de Férenzy, *Os Judeus e Nós os Christãos*, trad. Godofredo Rangel. São Paulo, Companhia Editora Nacional, 1939, pp. 13, 25, 27.

63. Sobre a relação Igreja/Fascismo espanhol são expressivas as obras de D. Artigas, *El Opus en España: Su evolución ideológica y política, tomo I: 1928-1957*. Paris, Ruedo Ibérico, 1968; J. Infante, *La prodigiosa aventura del Opus Del*. Paris, de Ruedo Ibérico, 1970.

64. Plínio Corrêa de Oliveira, "O Verdadeiro Perigo Comunista", in Revista *A Ordem*, jul.-ago., 1933, pp. 555-566; "A. U. C. de São Paulo: Os Horrores da Inquisição", in Revista *A Ordem*, jul.-ago., 1930, pp. 83-87; "A Igreja e o Judaísmo", in Revista *A Ordem*, jan., 1931, pp. 42-52.

A formação e a trajetória política de Plinio Corrêa de Oliveira – fundador da *TFP - Tradição, Família e Propriedade* em 1960 – apontam, antes de mais nada, para alguns dos núcleos processadores do pensamento católico racista no Brasil. Plínio Corrêa, paulista nascido em 1908, estudou no *Colégio São Luís*, de jesuítas, em São Paulo e formou-se em advocacia pela Faculdade de Direito de São Paulo (1926-1930), onde atuou como líder da *Juventude Católica de São Paulo*. Integrou, no setor de religião, a Sociedade de Estudos Políticos (SEP) que, mais tarde, deu origem à *Ação Integralista Brasileira*. Como um dos fundadores da *Liga Eleitoral Católica* (*LEC*), Corrêa concorreu às eleições em 1933 para a *Assembléia Nacional Constituinte* e, em 1934, para Câmara Federal, sendo o candidato mais votado no estado de São Paulo. Como intelectual orgânico conseguiu incorporar à Constituição três pontos mínimos do programa da LEC, aceitos por 2/3 dos constituintes[65]. Essa realidade expressa a persistência do pensamento racista, eugenista e conservador entre os políticos brasileiros que, além desses pontos, aprovaram por unanimidade a Emenda Miguel Couto (nº 1.164) que defendia uma orientação branca, cristã e nacionalista para a imigração brasileira[66].

Plínio Corrêa – fundador e presidente da Ação Católica Paulista, ligada à Ação Católica Brasileira (ACB) – tinha como propósito "difundir os princípios católicos na vida individual, familiar e social". Essa postura marcou sua militância junto à

65. Plínio Corrêa de Oliveira teve a oportunidade de "fazer escola" proliferando suas idéias em nível acadêmico e junto aos meios de comunicação católicos. Atuou como professor no Colégio Universitário da Faculdade de Direito de São Paulo e nas faculdades Sedes Sapientiae e São Bento, mais tarde integradas à Universidade Católica de São Paulo. Colaborador, entre 1929-1947, do jornal *Legionário*, órgão oficioso da arquidiocese de São Paulo, da revista *A Ordem* e do mensário *Catolicismo*, fundado em 1951, por Dom Antônio de Castro Mayer, bispo de Campos (RJ), este também fundador da TFP. Autor das obras *Em defesa da Ação Católica* (1943), *Revolução e Contra-revolução* (1959), *A Liberdade da Igreja no Estado Comunista* (1963), dentre outros. Cf. *Dicionário Histórico-Biográfico Brasileiro, op. cit.*, p. 2443.
66. A emenda Miguel Couto foi proposta nos seguintes termos: "Para efeito de residência é proibida a entrada no país, de elementos das raças negras e amarelas, de qualquer procedência...", 22 dez. 1933. Sobre esta questão ver Flávio Luizetto, *O Racismo na Constituinte de 1934*, Dissertação de Mestrado, História Social/USP, 1982.

TFP ao defender, durante a ditadura militar, o catolicismo tradicional em oposição ao catolicismo engajado socialmente. As idéias anti-semitas defendidas por Plínio Corrêa ficaram registradas em todos os espaços em que atuou ora como jornalista, ora como professor ou líder político. O artigo "O verdadeiro perigo comunista" (1933), de sua autoria, é expressivo do ideário da revista *A Ordem*[67]. Aproveitando-se da "atualidade do problema judaico", Corrêa traça uma série de considerações em torno da influência semítica que, na sua opinião, constituia para o Brasil o verdadeiro perigo comunista. Segue defendendo a idéia de que os judeus (fossem eles negros, brancos ou amarelos) "conspiravam permanentemente contra a Igreja e a Civilização católicas", e que o mal não está na "raça" e sim na "crença". Sua proposta é de "abrir os olhos da opinião pública" para que ela veja onde estão alojados seus verdadeiros inimigos. Ao seu ver, o perigo de uma revolução comunista não estava entre o proletariado e sim entre a plutocracia judaica e o maçonismo que vinham conspirando há muito tempo contra a civilização cristã. Argumenta, sob a forma de denúncia, que essa tese – defendida na Europa há mais de um século – vinha sendo solapada pelas livrarias brasileiras que estavam bloqueando as obras conservadoras e católicas importadas da Europa[68].

O Pe. Osório Lopes foi outro renomado publicista anti-semita, autor de uma vasta panfletagem anti-semita e editor do jornal católico carioca *A União*. Uma das obras mais expressivas do seu pensamento intolerante intitula-se *O problema judaico*[69] (1942). Essa publicação, segundo pesquisa de Graciela ben Dror, chegou a ser elogiada por Frei Agnelo Rossi – do Arcebis-

---

67. Os ensinamentos pregados pela *TFP, ou Sociedade Brasileira de Defesa da Tradição, Família e Propriedade*, estavam subordinados aos ensinamentos da Igreja Católica Apostólica Romana. Por este canal circulava a "verdade" dos santos, dos papas e dos profetas fundindo cultura, religião e política. Plínio Corrêa contou, durante anos, com uma coluna semanal na *Folha de S. Paulo*. Segundo a TFP, "o comunismo é intrinsecamente mau, perverso, ateu: ele quer a destruição cristã e ocidental, quer escravizar-nos, quer a ruína de nossas famílias". José Antônio Pedriali, *Guerreiros da Virgem: A Vida Secreta da TFP*. São Paulo, EMW Editores, 1985, pp. 12-15.
68. *Idem*, p. 556.
69. Pe. Osório Lopes, *O Problema Judaico*. Petrópolis, Vozes, 1942. Importante reflexão sobre o pensamento de Osório Lopes é feita por Graziela ben Dror em seu artigo "Las elites católicas del Brasil y su actitud hacia los judios

po de São Paulo e, na época, Secretário Nacional de Defesa da Fé e professor do Seminário Central do Ipiranga –, que classificou Lopes como um "especialista na questão judaica" e o seu livro "o melhor escrito sobre a tema no Brasil"[70].

Foi como colaborador da revista *A Ordem* que o Pe. Osório Lopes escreveu os artigos "Judaísmo e Antijudaísmo na Alemanha" (1932), no qual os escritores judeus são acusados de estarem conspirando com a finalidade de colocar Hitler numa situação de evidente menosprezo intelectual perante o mundo. Na sua versão acerca de 500 mil israelitas [*sic*] que costumavam se reunir no interior das sinagogas na Alemanha, era a de que estes conspiravam contra Hitler, "ouvindo, certamente, a voz soturna, a voz longínqua, a voz prophética dos rabinos..."[71] Ao procurar traçar a "physionomia do povo de Israel" (1931), Osório Lopes recupera – em um outro texto – a tese do judeu errante que coincide, nesse momento, com o prelúdio de uma realidade: a do judeu apátrida que, a partir de 1933, passou a ser considerado como indesejável pelo Estado brasileiro. Apelando para adjetivos qualificativos, Lopes apresenta como indispensáveis para a compreensão do fenômeno judaico os traços fisionômicos dos israelitas: "physionomia propria, caracterizada por particularidades extranhas".

Os judeus, na opinião de Osório Lopes, são "pyrrhonicos, insolentes, vingativos, para uns, nobres e dignos, geniaes ou méros imitadores para outros...". Impressionado com o ânimo dos judeus que não se deixam abater pelos sofrimentos, o autor comenta sobre aqueles que, "numa marcha permanente, rectilínea, corta fronteiras, indifferente aos limites geographicos da terra que palmilha". Com base nessa afirmação, Osório Lopes define-se também como anti-sionista, estigmatizando o refugiado judeu que, nos anos subseqüentes, seria tratado como "cidadão do mundo": "O seu verdadeiro lar não está na Palestina, mas no Universo. Essa é a sua Pátria. Não se circunscreve à extensão

---

(1933-1939)", a ser publicado na coletânea *O Anti-semitismo nas Américas*, org. por Maria Luiza Tucci Carneiro (no prelo).

70. Agnelo Rossi, "O Problema Judaico, de Osório Lopes", in *Revista Eclesiástica Brasileira – REB*, vol. 2, 2 (junho, 1942), pp. 289-295, *apud* Graziela ben Dror, *op. cit.*, p. 14.

71. Osório Lopes, "Judaísmo e Antijudaísmo na Alemanha", in Revista *A Ordem*, maio 1932, pp. 413-414.

das colônias agrícolas. Dahi ser irrealizável o programa de um Estado judaico autônomo... E o êxodo é a expressão mais perfeita do seu destino"[72].

Além de Osório Lopes, um outro padre católico investiu contra os judeus durante a Era Vargas: o Pe. João Passos Cabral, integralista e autor do livro *A Questão Judaica* (1937)[73]. Inspirado nos clássicos autores anti-semitas Henry Ford e Leon de Poncins, além da obra apócrifa *Os Protocolos dos Sábios de Sião*, o Pe. Cabral pecou por falta de originalidade repetindo os tradicionais *slogans* anti-semitas e anti-sionistas em voga nos anos 30. O seu livro *A Questão Judaica* recebeu o *Nihil obstat* e o *Imprimatur* do Pe. João Baptista de Siqueira e Monsenhor Costa Rego, autoridades católicas de grande representatividade junto à elite católica brasileira. Suas concepções anti-semitas compõem um diálogo com o discurso antijudaico de Gustavo Barroso e Anor Butler Maciel.

A Questão Judaica pode ser considerado como um dos mais violentos libelos contra os judeus publicado no Brasil, cujo conteúdo panfletário é reforçado pelos comentários contidos no prefácio de Gustavo Barroso[74]. Neste, Barroso enfatiza que o antijudaísmo que se desencadeia pelo mundo inteiro não deve ser considerado como injusto e despropositado. Conceituando tal sentimento como uma reação social instintiva, o teórico integralista posiciona-se "contra o parasitarismo nefasto de Israel, o qual, através da ubiquidade internacional do capitalismo e do comunismo se quer tornar dono do mundo". Contrapondo o judeu à civilização cristã, Barroso acusa-o de ter criado a máquina de guerra social do comunismo, à sombra do marxismo-judaico e da maçonaria judaizada. O antijudaísmo brasileiro, na sua opi-

---

72. Osório Lopes, "A Physionomia de um Povo", in Revista *A Ordem*, jul., 1931, pp. 49-51.

73. João Passos Cabral, *A Questão Judaica*, com prefácio de Gustavo Barroso. Porto Alegre, Livraria Globo, 1937. O Pe. J. Cabral é também autor das obras: *Conceitos e Factos*. Petrópolis, Typ. das "Vozes de Petrópolis", 1930; *Lutas da Mocidade* (2ª ed.); *Nas Linhas de Frente; No Terreno dos Princípios* (2ª ed.); *A Limitação da Natalidade*; *A Miragem Soviética*; *Jesus-Cristo-Rei dos Reis*; *Imitação de Cristo*, tradução original do latino (2ª ed.); *A Pérola Oculta — Vida da Beata Beatriz da Silva*. Petrópolis, Vozes, 1937; *Minhas Orações: Devocionário Popular*. Rio de Janeiro: Livr. H. Antunes, 1937; *Espírito e Vida: As Setes Palavras de N. S. Jesús Cristo*. Rio de Janeiro, Empresa Editora ABC, 1937.

74. Gustavo Barroso, "Prefácio", in Pe. João Passos Cabral, *A Questão Judaica, op. cit.*, pp. 5-8.

nião, deve se "revestir da forma duma campanha de esclarecimento da consciência nacional sôbre o perigo que o judeu representa..."[75].

Esta obra do Pe. Cabral propunha – acompanhando a corrente anti-semita da extrema-direita brasileira – um rígido contrôle da imigração. Acusando nosso governo de leviandade por estar permitindo a entrada em larga escala dos filhos de Israel, o Pe. Cabral sugere a defesa do nosso patrimônio de costumes e crenças, contra os judeus já radicados no país e aqueles que, representando o internacionalismo capitalista ou o internacionalismo proletário, pretendiam ingressar no Brasil. "Como se não bastassem os vagabundos, desordeiros, usurários, prestamistas e desocupados que enchem nossas maiores e melhores cidades, vamos abrir a porta a entrada aos citadinos internacionais", comentou o religioso. Apoiando-se nos fundamentos difundidos pelos *Protocolos dos Sábios de Sião* e *O Judeu Internacional*, de Henry Ford, o autor de *A Questão Judaica* considerava a Liga das Nações como "a efetivação e a realização de um plano judaico".

A estrutura da obra expressa a lógica do racionínio anti-semita que, fundamentado na tríade revolução, internacionalismo e complô secreto, contribui para a construção da imagem estereotipada do judeu. O conteúdo, distribuído em vinte capítulos, expressa explicitamente o objeto-alvo das críticas, os princípios e as fontes de inspiração do autor: I. O Povo de Deus; II. Um Estado no Estado; III. O Ghetto-Cidadela de Judá; IV. A Questão Judaica; V. O anti-semitismo; VII. Judaísmo e Internacionalismo; VIII. O Talmud e a religião de Israel; IX. Os judeus e as revoluções; X. O Poder oculto de Israel; XI. As organizações judaicas; XII. *Os Protocolos dos Sábios de Sion*; XIII. A influência judaica e o espírito cristão; XIV. Os judeus e a agricultura; XV. Os judeus e a vida mental; XVI. Os judeus e a imprensa; XVII. Os judeus e a vida econômica; XVIII. Os judeus e a vida social; XIX. Os judeus e o Brasil; XX. A Igreja católica e a questão judaica.

Na apresentação que faz ao leitor, o Pe. Cabral distingue o judeu – considerado individualmente e que pode ser uma pessoa

---

75. *Idem*, p. 5.

honesta e um elemento de trabalho construtivo – do judaísmo ou espírito judaico, que é "sempre um fermento de dissociação e um agente do anticristianismo"[76]. Em suas epígrafes, Cabral cita autores e textos expressivos do anti-semitismo europeu, dentre os quais Bernard Lazare (*L'antisémitisme*), Leopoldo Hahn, (*Les Juifs, Maîtres du Monde*); Léon de Poncins (*As Forças Secretas da Revolução*), Hugo Wast (*El Kahal*), textos de Disraeli, além de um manifesto anti-semita argentino (sem identificação).

O Pe. Cabral era também colaborador do jornal pernambucano a *Folha da Manhã*, de propriedade de Agamenon Magalhães, interventor pernambucano (1937-1945) e Ministro do Trabalho (1934-1937) e da Justiça (1937-1945). Com esses exemplos haja vista por onde caminhava a política e a imprensa brasileiras durante o governo autoritário de Getúlio Vargas. O religioso Cabral, em artigos publicados naquele diário em agosto e dezembro de 1937, apelou para a metáfora do gafanhoto, animalizando a figura do judeu enquanto um "devorador da humanidade" e "devorador das nações"[77].

Esse subterfúgio – de animalizar o judeu como um tipo desprezível – é uma constante na crítica social e política articulada pelos grupos conservadores da Igreja católica. Tal judeofobia se completava com a teoria da conspiração judaico-maçônica, que atribui ao judaísmo um espírito internacional avaliado como "assaz nocivo" para a vida cultural moderna. Na opinião de D. João Maria Gfollner, Bispo de Linz (Áustria), em Carta Pastoral de 21 de janeiro de 1933 (traduzida e publicada na revista *A Ordem*), o judaísmo vivenciava um processo de degeneração por estar "mancomunado com a maçonaria universal, por ser portador do *capitalismo mammonista* e apóstolo do socialismo e do comunismo"[78].

Essa teoria é reafirmada por Bartholomeu de Almeida em seu artigo "Maçonaria no Brasil" (1933) e por Ruy Barbosa de Campos, autor do texto "A Questão Social" (1934). O primeiro

---

76. *Idem*, p. 11.

77. Artigo de autoria do Pe. Cabral, in *Folha da Manhã*. Recife, 11.08.1938, p. 2 e 07.12.1937, p. 1.

78. Carta Pastoral de D. João Maria Gfollner, Bispo de Linz, Áustria, 21 jan. 1933. Traduzida e publicada com o título "O Verdadeiro e o Falso Nacionalismo" in Revista *A Ordem*, jul.-ago. 1933, pp. 594-610.

criticava Lucio J. dos Santos por ter interpretado errôneamente as origens da Maçonaria omitindo a mínima referência ao judaísmo. Endossando os principais elementos do anti-semitismo moderno, Almeida reafirma o conceito de que o judeu é o povo deicida; de que o judeu não tem pátria, que a maçonaria e o judeu pretendem a república universal e o domínio o mundo. Citando a "blasfêmia" de Voltaire, em *Instrucção Secreta e Permanente da Alta-Venda*, expõe os propósitos daquela sociedade secreta cujas afinidades com o judaísmo estavam no "aniquilamento perpétuo do Catholicismo e até da idéa christã"[79].

Para Ruy de Campos, então membro do Supremo Conselho Imperial Patrionovista, os judeus haviam criado uma civilização "perfeita", oposta à civilização cristã do ocidente, assim como à civilização oriental. A questão social é avaliada como um problema étnico que, segundo o autor, assume feição especial em relação aos judeus que "se julgam privilegiados, os únicos depositários da verdade revela, e os exclusivos intérpretes das doutrinas sagradas". Esta tática – de conservarem homogêneos e intatos os seus costumes – é avaliada como uma estratégia para construir um império judaico no mundo. É nesse plano que a Maçonaria cumpre, na opinião de Ruy de Campos, o seu papel histórico, cooperando com os judeus interessados em "desorganizar a sociedade". E, para tanto, conspiravam...[80]

Enfim, é nas idéias de "conspiração" e "corrupção dos espíritos" que se estruturam os artigos anti-semitas publicados pela revista *A Ordem*. Desprovidos de originalidade, os textos expõem o irracionalismo vulgar daqueles que, como discípulos dos *Protocolos*, tratavam os judeus como fonte de perversidade permanente.

Nazismo e anti-semitismo

Desde a ascensão do nacional-socialismo na Alemanha, muitos dos alemães radicados no Brasil adotaram as teorias po-

---

79. "A Franco-maçonaria Secreta e suas Lojas de 'Fachada'", in *Protocolos dos Sábios de Sião*, 1ª reed., *op. cit.*, cap. XI, pp. 11-117; Bartholomeu de Almeida, "A Maçonaria no Brasil", in Revista *A Ordem*, mar. 1933, pp. 236-241.

80. Ruy Barbosa de Campos, "A Questão Social", in Revista *A Ordem*, jan.-jun. 1934, pp. 26-40.

líticas e raciais sustentadas pelo III Reich. Em distintos momentos e através de diferentes veículos de comunicação, a aversão aos judeus pontuou a retórica desses cidadãos, ora como membros efetivos do Partido Nazista organizado no Brasil desde 1932, ora como meros simpatizantes do ideário nacional-socialista. A maioria dos clubes, livrarias, bares e sedes das associações comunitárias imigrantistas alemãs transformaram-se, nas principais cidades do sul do Brasil, em espaços de circulação dos discursos nazista, pangermanista e anti-semita.

Nas décadas de 30 e 40, livros anti-semitas editados em língua alemã poderiam ser adquiridos na *Livraria Alemã*, de propriedade de um tal de "Sr. Hahmann", identificado pela Polícia Política paulista como responsável por esse tipo de propaganda em São Paulo, além de Hans Hening von Cossel[81]. Era através do *Volk und Heimat* – um almanaque publicado pela editora Deutscher Morgen de São Paulo – que a comunidade de leitores em língua alemã tinha acesso ao discurso propagado pelo nacional-socialismo alemão. Além desse periódico, as colônias alemãs distribuídas pelos estados do Rio Grande do Sul, Paraná e Santa Catarina, contavam com a revista *Die Bruecke* (*A Ponte*), editada por Godofredo Entres. Este, ao ser interrogado em 1949 sobre a feição anti-semita de sua publicação, afirmou: "Sou naturalmente inimigo de todos os que prejudicam a Alemanha e portanto dos judeus que agem desta maneira"[82].

Manifestações esporádicas deste preconceito foram registradas pela Polícia Política brasileira que, somente após a entrada do Brasil na II Guerra Mundial, reprimiu os nazistas radicados no país. Dentre os documentos confiscados encontramos uma apostila anti-semita, exemplo de literatura vulgar produzida por funcionários alemães do Instituto Biológico de São Paulo que, como adeptos das teorias racistas defendidas pelo III Reich, propunham o extermínio dos judeus enquanto raça indesejável. Nessa publicação caseira – mimeografada e sem data – a "paródia" da formi-

---

81. "Relatório sobre a Sociedade Hans Staden". Serviço de Investigação da Turma A. *Pront. nº 10.047, Banco Alemão Transatlântico*, f. 19. AESP/SP; *Pront. nº 3421, Hans Hening von Cossel* in Ana Maria Dietrich; Priscila Ferreira Perazzo; Eliane Bisan Alves; *Alemanha: Inventário DEOPS*. São Paulo, IMESP, Arquivo do Estado, 1997, p. 38. AESP/SP.
82. *O Globo*. Rio de Janeiro, 26.11.1949.

ga saúva é empregada metaforicamente em relação ao judeu que, enquanto praga, deveria ser exterminado por gases mortíferos[83]. O ódio aos judeus repete-se em um outro desenho, este de uma suástica acompanhada da expressão "morte aos judeus", confiscado pelas autoridades policiais do Estado do Paraná[84]. A figura do judeu para os imigrantes alemães (nacional-socialistas), além de ser mítica era também real: no dia-a-dia ambos os grupos se cruzavam em meio à comunidade alemã radicada no Brasil desde o início do século XX. Em maio de 1939, um investigador do DEOPS de São Paulo registrou que, durante uma festa realizada no Campo de Esportes sediado no bairro paulistano do Canindé, um grupo de alemães bebiam à saúde de Hitler. Alguns, mais exaltados, ridicularizavam o Brasil, definido como "terra de macacos e que dava preferência aos judeus contra os alemães ordeiros"[85]. Esse raciocínio – expressivo da mentalidade nazista – reforçava a imagem da Alemanha enquanto paradigma de civilização, ao mesmo tempo em que apresentava o alemão como símbolo da cultura organizada em detrimento da judaica, avaliada como degenerada.

Tornaram-se comuns, nas publicações e nas falas dos alemães radicados no Brasil, expressões de aversão aos judeus em contraposição ao orgulho da própria raça, definida como forte e superior. Aliás, essa imagem do alemão ordeiro pode ser avaliada como uma referência arquetípica identificada em romances brasileiros da primeira metade do século XX, dentre os quais *Canaã* (1902), de Graça Aranha[86].

---

83. "O Combate à Saúva", por Joaquim Ferraz do Amaral, Chefe do Serviço Científico de Epifitias. Instituto Biológico de São Paulo, s/d. *Pront. nº 5.405, Nazismo* (vol. 1). DEOPS/SP. Ver também Ana Maria Dietrich, *Caça às suásticas: O Partido Nazista sob o Olhar do DEOPS*, dissertação de mestrado em História Social, FFLCH-USP, 2001, pp. 273-276.

84. *Desenho de Suástica: Nazismo, Informes e Fotos*. Caixa 168, Pasta 1.428. DEOPS-PR, APPR.

85. "Relatório de Investigação de X. F. para Juvenal de Toledo Ramos, delegado auxiliar do DEOPS". São Paulo, 2 de maio de 1939. *Pront. nº 5.405, Nazismo*, vol. 1, fl.5. AESP/SP.

86. Este romance de Graça Aranha é detalhadamente analisado por Marionilde Brephol de Magalhães em seu estudo *Pangermanismo e Nazismo: A Trajetória Alemã Rumo ao Brasil*. Campinas, São Paulo, Editora da Unicamp/FAPESP, 1998, pp. 19-81.

Nos anos 40, empresários alemães prevenidos pelas versões anti-semitas importadas do Reich, evitavam negociar com os judeus que encarnavam o duplo estereótipo de capitalistas e comunistas. Desde o início da II Guerra Mundial, uma espécie de "lista negra" circulou junto às empresas sediadas na Alemanha, sugerindo o boicote radical às firmas de proprietários judeus radicados no Brasil. Em 1942 – data em que a Polícia Política começou a investigar a existência de redes de espionagem nazista no Brasil –, algumas dessas listas foram apreendidas como "prova de crime político". Duas delas haviam sido elaboradas por E. Arnold que, em 29 outubro de 1940, enviou uma série de informações para *Kieling & Cia*, sediada em Bremen (Alemanha), sugerindo um intercâmbio comercial, mas com restrições.

Valendo-se de categorias discriminatórias características do discurso anti-semita alemão, Arnold classificava as firmas brasileiras em dois grupos: 1. Ariano (positivo) "com as quais se poderá trabalhar com sucesso" e 2. Judaico (negativo) "que não entrariam em cogitação para negócios conjuntos, com sucesso no futuro"[87]. As firmas "indesejáveis" por sua composição judaica foram descritas nos seguintes termos:

– *Algodoeira Paulista* (São Paulo): "empreendimento judeu. Dirigente dos negócios Mauricio Jacquay, judeu... Como judeus estes senhores, desta firma, naturalmente não são germanófilos";

– A *L. Dreyfus & Cia* (São Paulo): "empresa judaica. Teria sido muito importante e forte, atualmente estaria em decadência. A fortuna de Louis Dreyfus na França, teria sido confiscada, pois que L.D. seria fugitivo. Nos Estados (Unidos) sua fortuna teria sido bloqueada?";

– *Geismar & Cia* (São Paulo) "de judeus franceses, especialmente infiltrados nos negócios de linters e que, durante a guerra, fizeram grandes negocios de govêrno com a França";

– *Gradvohl & Cia* (São Paulo), com matriz no Ceará, "conhecida casa judaica exportadora de produtos brasileiros";

---

87. "Cartas de E. Arnold para Kieling & Cª Bremen". São Paulo, 29 de outubro de 1940. *Pront. nº 36.691, Redes de Espionagem no Rio Grande do Sul*. DEOPS/SP; Priscila Ferreira Perazzo, *O Perigo Alemão e a Repressão Policial no Estado Novo*. São Paulo, Arquivo do Estado; Imprensa Oficial, 1999.

– Fábricas do *Moinho Santista* (São Paulo, Santos e Porto Alegre): pertencentes a Bunge & Born, judeus"[88].

Essa tipologia preconcebida retrata uma comunidade alemã distinta por suas origens e ideário político. Radicados principalmente nas regiões sul e sudeste do Brasil, os alemães não devem ser avaliados enquanto um grupo coeso, monolítico e homogêneo, conforme enfatizam alguns trabalhos historiográficos contemporâneos. Limites reais impuseram a divisão dos alemães em grupos urbanos distintos: de um lado, estavam aqueles que, modelados pelo ideário nacional-socialista e anti-semita, se consideravam "arianos puros"; de outro, estavam os alemães judeus que, como autodefesa, organizaram redes de solidariedade adotadas enquanto estratégia de superação social. Esta foi, em síntese, a forma encontrada pela comunidade judaica askenazin para contornar o anti-semitismo político manifesto pelo Estado autoritário varguista, pelos católicos germanófilcos, integralistas e alemães "arianos" convictos. Articulados nos subterrâneos do Estado autoritário e em silêncio, líderes comunitários judeus – em sintonia com as organizações judaicas internacionais – dedicaram-se ao auxílio dos imigrantes recém-chegados ao Brasil e ao resgate dos refugiados do nazi-fascismo que, entre 1937-1948, eram barrados pelas circulares secretas anti-semitas brasileiras. Após 1938, a polícia política de São Paulo investiu contra essas associações judaicas reprimidas por seu perfil anti-fascista e comunista[89].

Camisas-verdes anti-semitas

O Integralismo pode ser considerado como o primeiro movimento de massa de inspiração totalitária organizado no Brasil, assim como um dos principais centros emissor/produtor do

---

88. "Informações sobre firmas que não entrariam em cogitação para negócios conjuntos, com sucesso, no futuro". Carta de E. Arnold para Kieling & Cª Bremen. São Paulo, 29 de outubro de 1940, *Pront. nº 36.691, Redes de Espionagem no Rio Grande do Sul*, pp. 1-2. DEOPS/SP.

89. Franco Ramella, "Por un uso fuerte del concepto de red en los estudios migratorios", in Maria Bjerg y Hermaán Otero (orgs.), *Inmigración y Redes Sociales en la Argentina Moderna*. Buenos Aires, Tandel; Cemla; IEHS, 1995, pp. 9-22.

ideário anti-semita no país[90]. Com grande receptividade entre os setores médios urbanos, a Ação Integralista Brasileira atraiu milhares de adeptos identificados com sua proposta de restaurar o espiritualismo cristão através de uma revolução espiritual. Tanto para Plínio Salgado como para Gustavo Barroso, a evolução da história da humanidade se fazia pautada no conflito entre duas forças-mestres – o *espiritualismo* e o *materialismo* –, identificadas com os cristãos (espírito) e os judeus (matéria), inconciliáveis segundo interpretação de Gustavo Barroso, Plinio Corrêa de Oliveira, Tenório d'Albuquerque, dentre outros fanáticos integralistas[91].

Na retórica integralista[92], assim como nos demais discursos nacionalistas, era comum estigmatizar-se tudo aquilo que viesse a ser identificado com o mundo moderno: o "mal urbano", o cosmopolitismo, o estrangeirismo. Não podemos também ignorar a tônica anticomunista e antiliberal decorrente tanto do caráter mimético da AIB-Ação Integralista Brasileira com relação aos fascismos europeus quanto do espiritualismo católico defensor da bandeira "Deus, Pátria e Família".

Fragmentos deste melancólico e estreito universo cultural podem ser detectados nos arquivos históricos brasileiros, que guardam documentos exemplares de manifestações anti-semitas por parte dos integralistas. Na cidade de Franca (SP), por exemplo, a Polícia regional registrou em 1935 – por pressão de um núcleo integralista que ali agia com intensa liberdade – nomes e atos de expulsão contra vários comunistas e judeus acusados de subversão[93].

---

90. Sobre este tema ver Roney Cytrynowicz, "A América e o Anti-semitismo na Visão Integralista de Gustavo Barroso e de Plínio Salgado", in Anita Novinsky e Diane Kuperman (orgs.), *Ibéria Judaica: Roteiros da Memória*. São Paulo, Edusp; Rio de Janeiro, Expressão e Cultura, 1996, pp. 515-525; Marcos Chor Maio, "Marcas de uma Trajetória: A Militância Anti-semita de Gustavo Barroso", in Anita Novinsky e Diane Kuperman (orgs.), *Ibéria Judaica, op. cit.*, pp. 527-539.

91. Marcos Chor Maio, *Nem Rotschild, nem Trotsky: O Pensamento Anti-semita de Gustavo Barroso*. Rio de Janeiro, Imago, 1992.

92. Discutem estes temas Marilena Chauí, "O Imaginário Integralista", in *Ideologia e Mobilização Popular*. Rio de Janeiro, Paz e Terra; Centro de Estudos de Cultura Contemporânea, 1978, pp. 31-149; Gilberto Vasconcelos, *Ideologia Curupira*. São Paulo, Brasiliense, 1979.

93. *Pront. nº 2.515, Delegacia de Polícia de Franca*. AESP/SP.

É indiscutível que as idéias anti-semitas integraram o imaginário integralista e fizeram parte do discurso de um grupo seleto de camisas-verdes. O anti-semitismo integralista, se avaliado nas suas diferentes versões, representa a incapacidade lógica e histórica que os teóricos integralistas tinham de lidar com a presença estrangeira no Brasil, elemento inaceitável para qualquer projeto fascista[94].

Foi nessa seara que Gustavo Dodt Barroso, filho da alemã Ana Dodt Barroso[95], conseguiu articular, publicar e propagandear sua tese anti-semita centrada na idéia de uma revolução integral de cunho antijudaico[96]. Em 24 abril de 1934, Salgado publicou na revista *Fon-Fon* um artigo no qual discordava publicamente das idéias anti-semitas de Gustavo Barroso que, durante várias reuniões da Academia Brasileira de Letras, referia-se aos judeus como "lixo humano"[97].

Jornalista, caricaturista, teatrólogo, escritor, advogado, diretor do Museu Histórico Nacional (1922-1930, 1932-1959) e presidente da Academia Brasileira de Letras (1931, 1932 e 1950), Gustavo Barroso foi, sem dúvida, o principal mentor do pensamento anti-semita junto ao movimento integralista brasileiro. Com posições muito próximas da doutrina alemã, Barroso registrou suas idéias contra os judeus em suas memórias *Coração de Menino* (1939) e *O Liceu do Ceará* (1940)[98]. Ao relembrar certas passagens dos tempos de infância, Barroso demonstra que sua mentalidade anti-semita tinha raízes na sua formação católica[99]. Suas recordações sobre o Sábado da Aleluia – quan-

---

94. Roney Cytrynowicz, "A América e o Anti-semitismo na Visão Integralista de Gustavo Barroso e de Plínio Salgado", *op. cit.*, p. 522.

95. Vale lembrar que Barroso perdeu a mãe sete dias após o seu nascimento, não implicando aqui qualquer influência sobre a sua formação.

96. Ricardo Benzaquen de Araujo, *Os Mercadores do Mal: Os Judeus na Obra de Gustavo Barroso*. Rio de Janeiro, CPDOC/FGV, maio 1979 (impresso).

97. Revista *Fon-Fon*, 24 abr. 1934. BMMA/SP. Observ: em decorrência desta seleuma, Plínio Salgado sustentou durante um boicote ao seu correligionário Barroso que, durante seis meses, foi omitido (quando não criticado) pelo principal jornal integralista *A Ofensiva*. Cf. *Dicionário Histórico-Biográfico Brasileiro (1930-1983)*, vol. 1. Rio de Janeiro, Forense Universitária; CPDOC/FGV, FINEP, 1984, p. 336.

98. Gustavo Barroso, *Coração de Menino*. Rio de Janeiro, Getulio M. Costa Editor, 1939; *Liceu do Ceará*. Rio de Janeiro, Getúlio M. Costa Editor, 1940.

99. Gustavo Barroso nasceu em 1888 em Fortaleza (Ceará), ficando

do então ocorria a tradicional queima de Judas na cidade de Fortaleza – são exemplares. Barroso confessa que era um dos primeiros garotos a correr à rua para ver os fantoches de Judas se multiplicarem ao sol:

> De todos os feitios e de todos os tamanhos. Judas ricos e Judas pobres, Judas do luxo e Judas da miséria. Uns são de tamanho natural, vestidos com antigos fraques e rabonas, coifados de cartolas leprentas, enluvados de branco e até com uma flor ao peito, pendurados das fôrças no meio dos seus sítios... Muitos caem das sacadas à ponta dum arame... não há casa que não possua o seu Judas[100].

Apesar de não gostar de ser tachado de "copiador de regimes exóticos"[101], Barroso bebeu nas mesmas fontes anti-semitas que os nazi-fascistas, adaptando seus argumentos à realidade brasileira. Como o principal teórico anti-semita brasileiro, Barroso foi um fiel seguidor dos ditames veiculados pelas obras *Protocolos dos Sábios de Sião* (por ele traduzido e comentado), *O Judeu Internacional*, de Henry Ford, *A Maçonaria, Seita Judaica*, de I. Bertrand e *Les Forces Sécretes de la Revolution*, de Léon de Poncins. As teses anti-semitas de Barroso fizeram escola. Suas obras – além de terem inspirado as idéias preconizadas por Afonso Arinos de Melo Franco – circularam pelas principais bibliotecas católicas e militares do país. O seu livro *Brasil, Colônia de Banqueiros*, por exemplo, teve três exemplares adquiridos pela Escola Militar do Realengo, em dezembro de 1934, com o objetivo de servir de "alerta à Pátria escravizada economicamente, para que os jovens cadetes conheçam a verdade sobre a nossa situação econômica"[102]. Além disso, seus libelos foram louvados, em edição de janeiro de 1935, pelo jornal anti-

---

órfão de mãe com apenas sete dias de nascido, sendo criado por uma tia. Aos 10 anos ingressou no Colégio Partenon e, em 1899, matriculou-se no Liceu do Ceará. Em 1907 entrou para a Faculdade de Direito de Fortaleza transferindo-se, em 1910, para o curso do Rio de Janeiro onde bacharelou-se em 1912.

100. Gustavo Barroso, *Coração de Menino, op. cit.*

101. Plínio Salgado, *Madrugada do Espírito*. São Paulo, Guanumky, 1946, p. 150.

102. Segundo informação prestada por Gal. Meira Vasconcelos e publicada no *Boletim da Escola Militar do Realengo*, 1934 *apud* Wilson Martins, *op. cit.*, p. 21.

semita alemão *Der Stürmer*, consagrando a admiração que Barroso manifestava pelo ideário do nacional-socialismo[103].

Para Barroso, em *O Integralismo de Norte a Sul* (1934), a humanidade havia sido lenta e enganosamente envolvida pelo liberalismo, interpretado como parente próximo do comunismo. Na sua opinião, só seria possível combater o comunismo aniquilando o liberalismo. Sustentando a teoria de que tanto o comunismo como o capitalismo se identificavam com o judaísmo, Barroso considerava o velho materialismo judaico ("que vinha dêsde muitos centenarios solapando os alicerces da civilização cristã") como o "verdadeiro creador do comunismo marxista. Ele influenciou o advento do liberalismo que abriu as portas ao comunismo". Nessa sua obra, Barroso ressalta que Bourdeau já havia chamado a atenção para as "estreitas afinidades que ligam o socialismo aos traços distintivos da raça judaica, entre as quais o espírito cosmopolita, racionalista e messiânico"[104].

Com o objetivo de comprovar "a interferência judaica nos movimentos filosóficos e revolucionários desintegradores da humanidade", Gustavo Barroso procurou demonstrar que havia relação entre os grandes pensadores sediciosos e o judaísmo. Se o liberalismo era anarquia, a doutrina econômica do marxismo era falsa e arranjada de sorte que sua expressão vulgar fosse facilmente apreendida pelos cérebros rudimentares. As doutrinas apresentadas por Marx (definido como "judeu, de família rabínica-talmudista de Tréves"), Engels ("judeu, de família rabínica de Barmen"), Bela Kun ("judeu") e Trótski (*sic*) ("judeu") deveriam ser vistas como formas de traição nacional e "de decomposição social, destinando-se a destruir a religião, o princípio de autoridade e a idéia de pátria..."[105].

Por ocasião do levante comunista de novembro de 1935, Barroso pronunciou-se em várias frentes. Valendo-se da primeira página do jornal integralista *A Offensiva*, aproveitou o mo-

---

103. *Der Stürmer*, 12 jan. 1934, p. 50, 13 jan. 1935, p. 3. Em 1934, segundo relatório do embaixador Schmidt-Elskop, Barroso teria solicitado material informativo sobre o nacional-socialismo alemão. Cf. René Guertz, *O Fascismo no Sul do Brasil: Germanismo, Nazismo, Integralismo*. Porto Alegre, Mercado Aberto, 1987, pp. 133-134.
104. Gustavo Barroso, *O Integralismo de Norte a Sul*. Rio de Janeiro, Civilização Brasileira, 1934, pp. 17, 39.
105. Gustavo Barroso, *O Integralismo de Norte a Sul*, op. cit., p. 41.

mento para atacar o economista e empresário Roberto Simonsen, a quem fazia questão de acrescentar o cognome "judeu". As provas de que estava ocorrendo uma conspiração secreta política encontravam-se, na sua opinião, na publicação pelo vespertino carioca *O Povo* de vários documentos que atestavam as articulações da Maçonaria com os elementos comunistas da extinta Aliança Nacional Libertadora. Para o teórico integralista, "o documento do Komintern revelado pelo Estado Maior do Exército [o *Plano Cohen*], que provocou o Estado de Guerra, claramente se refere ao papel da maçonaria no desencadear do movimento comunista no nosso país"[106].

De acordo com a lógica anti-semita, o modo de agir dos judeus é sempre definido como "conspiratório, visto que suas ações políticas estão sempre envoltas em mistério". Os fins e os métodos são ocultos, enquanto que os enigmas ficam reduzidos ao "ovo de Colombo". Se as origens do povo de Israel são apresentadas como "obscuras", seus objetivos são evidentes: dominação do mundo e escravização de todos os povos[107]. Gustavo Barroso pode ser considerado como um dos principais propagadores desta tese no Brasil, que encontrou espaço na imprensa periodística em circulação nas principais capitais brasileiras. Constatações podem ser feitas junto ao jornal *Acção Integralista*, editado em São Paulo (1934-1936), *Folha da Manhã*, de Recife, *A Nota*, do Rio de Janeiro, Revista *A Ordem*, porta-voz da Igreja católica, dentre outros.

Inspirado nos clássicos anti-semitas europeus[108], Barroso recuperou o teorema da conspiração judaico-maçônica, adaptando-o à realidade brasileira. Como produto desta visão de mundo, Barroso escreveu *O Judaísmo, Comunismo e Maçonaria* (1937), e *História Secreta do Brasil* (3 v. 1936-1938), em

---

106. Gustavo Barroso, "Introdução: A Maçonaria e o Brasil", in I. Bertrand, *A Maçonaria Seita Judaica: Suas Origens, Sagacidade e Finalidades Anticristã*. Trad. de Gustavo Barroso (do francês *La Franc-Maçonnerie: Secte Juive, ses origines, son sprit et le but qu'elle poursuit*. Paris, Blound et Cie, 1903), com prefácio sobre *A Maçonaria e o Brasil* e um apêndice sobre *O Talmud e os Judeus*, pelo tradutor.
107. *Idem*, pp. 457-458.
108. I. Bertrand, *op. cit.*; Léon de Poncins, *As Forças Secretas da Revolução: Maçonaria e Judaísmo*, trad. Gustavo Barroso. Porto Alegre, Globo, 1931 (do original *Les Forces Sécrètes de la Revolution*).

que enfatiza as "diabólicas maquinações secretas" dos judeus instalados junto à cúpula das lojas maçônicas[109]. Ao prefaciar o livro de Bertrand, o integralista conclui que tanto a Maçonaria, como a Carbonaria, o Iluminismo, a *Burschenchaft* e outras tantas organizações secretas, eram fundamentalmente "contrárias às tradições do Povo Brasileiro e aos interesses da Nação"[110].

As teses anti-semitas de Barroso alcançaram seu auge quando da publicação de *O Quarto Império* (1935) e *O Integralismo e o Mundo* (1936). Nesta obra, o integralismo é apresentado como o único movimento no Brasil capaz de derrotar os judeus e de restaurar a cristandade através de uma revolução espiritual interior. Adequando as teorias raciais fascistas à realidade brasileira, o autor sugere o amálgama das raças brancas, negras e indígenas[111]. O *Quarto Império*, apesar de ser uma das mais importantes publicações deste teórico integralista, não sintetiza a visão anti-semita de Barroso, conforme enfatiza Marcos Chor Maio em seu estudo *Nem Rothschild Nem Trotsky*[112].

O lançamento de *O Quarto Império*, antes de mais nada, simboliza o aprofundamento das teses anti-semitas de Barroso formuladas desde a sua juventude. Lembramos que, do ponto de vista da metodologia da pesquisa histórica e pelo viés da história das mentalidades, torna-se difícil avaliar ou rotular intelectuais

---

109. As mais representativas obras de Barroso foram reeditadas por Castan, editor revisionista e anti-semita, proprietário da Editora Revisão. Castan foi processado e condenado no final de 1990 por prática de racismo, segundo legislação brasileira. Desta editora são as reedições de Barroso: *Brasil, Colônia de Banqueiros*. Porto Alegre, Revisão, 1989; *História Secreta do Brasil*. Porto Alegre, Revisão, 1989, vol. 1; além da obra apócrifa *Os Protocolos dos Sábios de Sião*, reeditado em homenagem ao centenário de Barroso.

110. *Idem*, pp. 13-14; ver *Dicionário Crítico do Pensamento da Direita. Idéias, Instituições e Personagens*. Organizadores: Francisco Carlos Teixeira da Silva, Sabrina Evangelista Medeiros, Alexander Martins Vianna. Rio de Janeiro, FAPERJ/Mauad, 2000.

111. Gustavo Barroso, *O Quarto Império*. Rio de Janeiro, José Olympio, 1935; *O Integralismo e o Mundo*. Rio de Janeiro, José Olympio, 1936. Uma análise pontual sobre *O Quarto Império* pode ser consultada em Marcos Chor Maio, *Nem Rothschild Nem Trotsky: O Pensamento Anti-semita de Gustavo Barroso*. Rio de Janeiro, Imago, 1992. Relação de obras integralistas ver Ana Lígia Medeiros e Mônica Hirst (orgs.), "Integralismo", in *Bibliografia Histórica: 1930-1945*. Brasília, Unb, 1982, pp. 68-77.

112. Marcos Chor Maio, *op. cit*.

com base em uma única obra. Todo pensamento tem uma trajetória que vai da gênese à sua cristalização passando por metamorfoses que dão origem à identificação de várias vertentes. No caso de Barroso, a tese da concepção totalitária do mundo é uma delas.

Alguns dos elementos desta obra nos remetem ao livro *História do Futuro* (1718), de autoria do Pe. Antonio Vieira – não pelo lado da questão anti-semita, pois não é o caso do pensamento deste jesuíta, considerado como um dos defensores dos cristãos-novos no século XVII, mas pela similaridade na "construção" do tema *Império*[113]. Interessante que ambos os pensadores dividem a história da Humanidade em "impérios" distintos e sucessivos, idealizando uma sociedade futura na qual os cristãos sobrevivem aos judeus. O modelo de sociedade é, em ambas as obras, formulado por valores cristãos. Mas, o que classifica Barroso como um teórico do anti-semitismo moderno é, especificamente, a adoção de uma visão poligenista que concebe a existência de "centros independentes de criação da humanidade, constituída pelas raças branca, negra, vermelha e amarela". É neste ponto que se encontra, realmente, o ineditismo da análise e da contribuição pessoal de Marcos Chor Maio aos estudos do pensamento anti-semita no Brasil[114].

No entanto, não podemos afirmar que o tempo de Gustavo Barroso já se foi; ao contrário, o mestre integralista continua, ainda hoje, a ser venerado por alas conservadoras e revisionistas sacramentadas no Brasil. Em Porto Alegre, Barroso encontrou um admirador implacável: S.E. Castan, atual proprietário da Editora Revisão e autor de várias obras negacionistas do Holocausto. Em 1992, a Academia de Letras prestou uma homenagem ao seu ex-membro integralista, fato que ocasionou uma contundente polêmica entre Josué Montello e Arnaldo Niskier[115].

---

113. Pe. Antonio Vieira, *História do Futuro* (1718). Introdução, atualização do texto e notas por Maria Leonor Carvalho Buescu. Lisboa, Imprensa Nacional; Casa da Moeda, 1982.

114. Maria Luiza Tucci Carneiro, "Resenha da obra de Marcos Chor Maio, Nem Rothschild nem Trotsky...", in *Herança Judaica*, nº 129-131, ago.-dez 1994, pp. 271-321.

115. São de autoria de S. E. Castan: *Holocausto Judeu ou Alemão: Nos Bastidores da Mentira do Século*; *Os Conquistadores do Mundo: Os Verdadeiros Criminosos de Guerra*; *Acabou o Gás... O Fim do Mito*, todos publicados pela Editora Revisão. Polêmica entre Niskier e Montello foi publicada no *Jornal*

Podemos afirmar que, durante a época em que Barroso atuou como ativista, formou-se uma escola de fiéis propagadores do pensamento intolerante antijudaico. Um dos discípulos de Gustavo Barroso foi Tenório D'Albuquerque, autor de *A Allemanha Grandiosa: Impressões de Viagem ao Paiz do Nazismo*, prefaciado por Gustavo Barroso, *Integralismo, Nazismo e Fascismo: Estudos Comparativos*, e *A Grã-Bretanha a Serviço dos Judeus*[116]. Albuquerque foi um homem do seu tempo: católico, integralista, germanófilo, anticomunista e anti-semita. Como tal, pregava o banimento da liberal democracia interpretada como uma "mentira histórica". Defensor das práticas autoritárias, considerava que "não há porque duvidar do êxito das medidas severas para extirpar o comunismo. Basta preservar o nosso povo ou imunizá-lo contra o comunismo destruído...". Na sua obra *Integralismo, Nazismo e Fascismo*, clama por providências coercitivas que impedissem a implantação, no Brasil, dos "processos judaicos de mercantilagem", visto que eles exerciam influência negativa na administração do país. Como exemplo dessa situação, Albuquerque cita o caso do comércio de móveis no Brasil que, na sua opinião, encontrava-se "arruinado pela intromissão dos judeus que passaram a produzir um artigo barato e vistoso, para iludir os incautos e arrancar-lhes o dinheiro"[117].

Na opinião de Albuquerque, os judeus haviam se aproveitado da situação calamitosa do pós-guerra (fome, desemprego, tragédia etc.) para implantar o comunismo na Rússia e Alemanha. Como inventores da "sabedoria marxista", os judeus organizavam os movimentos operários sem dar-lhes possibilidade de participação no governo soviético. As doutrinas de Karl Marx – chamado ironicamente de "judeu" ou "Marx Mardochai" – são

---

do Brasil, por Zózimo Barroso de Alencar. Cf. Marcos Chor Maio, "Marcas de uma Trajetória", *op. cit.*, p. 538, nota 1.

116. Tenório D'Albuquerque, *A Allemanha Grandiosa: Impressões de Viagem ao Paíz do Nazismo*. Rio de Janeiro, Minerva, s/d; *Integralismo, Nazismo e Fascismo: Estudos Comparativos*. Rio de Janeiro, Minerva, 1937; *A Grã-Bretanha a Serviço dos Judeus*, 1941. Sobre este autor ver Maria Luiza Tucci Carneiro, *O Anti-semitismo na Era Vargas*, 3ª ed., *op. cit.*, pp. 70, 71, 83, 91, 272, 287-292, 325; José J. Chiavenato, *O Inimigo Eleito: Os Judeus, Poder e Anti-semitismo*. Porto Alegre, Mercado Aberto, 1985, pp. 260 e 262.

117. Tenório D'Albuquerque, *Integralismo, Nazismo e Fascismo*, *op. cit.*, pp. 87-88.

definidas como enganadoras e parte de um programa de promessas[118]. Valendo-se de um típico linguajar anti-semita, o autor acusa os judeus de estarem colocando em prática os planos registrados nos *Protocolos dos Sábios de Sião*, "afim de saciarem suas ambições e em obediência ao Congresso de Genebra". Os judeus eram responsabilizados de uma conspiração premeditada e de serem os "engendradores das idéias comunistas no Brasil". Ao seu ver, o Integralismo fragmentaria "os grilhões que nos servilizam ao capitalismo internacional, destruindo as algemas que nos escravizavam à agiotagem judaica, suxora dos nossos mananciais de ouro"[119].

Em *A Allemanha Grandiosa*, Tenório D'Albuquerque apresenta Hitler como "o maior dirigente da atualidade, o ressurgidor da Alemanha". Neste livro – que mereceu elogios de Muniz de Aragão, embaixador do Brasil em Berlim e articulador da entrega de Olga Benário à Gestapo – o autor acusa os judeus e a imprensa judaica de estarem "denegrindo a imagem de Hitler". Emprestando vocábulos do repertório de Gustavo Barroso, o pensamento de Tenório D'Albuquerque pautava-se nas seguintes acusações: de serem os judeus gananciosos, usurários e egoístas; de desejarem dominar o mundo auferindo proveitos econômicos; de serem os responsáveis pela invenção do marxismo e propagação do comunismo; de escravizarem o povo ao dinheiro judaico e de difamarem a imprensa mundial. Os judeus são definidos como "cérebros de nômades sem raça, sem povo e sem espaço"; enquanto que o judaísmo é o "corruptor que carcome e que corroe subrepticiamente para apoderar-se depois dos países".

---

118. Vale ressaltar que, em 1969, a obra *A Questão Judaica*, de Karl Marx, foi publicada pela Editora Laemert (Rio de Janeiro) prestando-se para uma óbvia finalidade política anti-israelense tendo em conta a tradicional estereotipia anti-semita presente na obra de Karl Marx. Cabe ressaltar que Marx condenava a criação de um Estado Judeu considerado por ele como uma "regressão histórica". Marcado por um profundo determinismo, Marx negava ao povo Judeu o direito de auto-determinação relegando a um segundo plano o direito das minorias. Visto por este ângulo, talvez possamos compreender alguns dos dilemas da esquerda judaica no Brasil que, assim como Marx, se opunha ao sionismo. Sobre este tema ver: Arlene Clemesha, *Marxismo e Judaísmo: História de uma Relação Difícil*. São Paulo, Boitempo Editorial, 1998; Karl Marx, *La Question Juive*, trad. Bruno Bauer. Paris, Union Générale d'Éditions, 1968.

119. D'Albuquerque, *Integralismo...*, p. 52.

A idéia central d'*Os Protocolos* foi retomada por Albuquerque em *A Grã-Bretanha a Serviço dos Judeus* (1941), que circulou em três edições consecutivas. Nessa obra, o autor argumenta que a classe dirigente da Inglaterra estaria em decadência devido à infiltração de sangue judaico. A Inglaterra judaizava-se: "*a partir daí [os judeus], dominariam o mundo...*"[120]

Essa versão reaparece no libelo *Raça Eleita* (1940), de autoria de Raphael de Hollanda, que – anti-semita e integralista como Albuquerque – acusava o "judeu astuto, contrabandista emérito, técnico em fallencias e concordatas..." de ser o responsável pelo desaparecimento do "velho e honrado comércio varejista português"[121]. Ao fazer uma abordagem comparativa entre o *Integralismo, o Nazismo e o Fascismo*, Albuquerque agredia simbolicamente os judeus ao empregar uma forte carga de expressões estereotipadas, ao acusá-los de "grupelho de opressores", "verdugos insaciáveis", "raça parasita", "usurpadores do poder", "tiranos mais sanguinários", "mentirosos", "perniciosos elementos". Além de tentar demonstrar a origem judaica do bolchevismo, o autor acusa os judeus de tentarem dominar a Baviera através de um regime de terror. Apresentando-os como terroristas e comunistas, alegava que "nos últimos dias de seu domínio em Munich, [os judeus] trucidaram crianças, anciãos e mulheres"[122].

Germanófilo radical, Raphael de Hollanda inscreve-se na lista dos anti-semitas brasileiros. Como jornalista contratado pelo jornal *A Tarde*, dedicou-se a comentar fatos referentes à II Guerra Mundial. Como autor escreve panfletos *Raça Eleita...* e *À Margem do Conflito Europeu*, ambos editados em 1940. *Raça Eleita...* se projeta enquanto metáfora para o título e ilustração que compõem a capa. A imagem é de um gordo judeu, trajando fraque e cartola e que, representando o "capitalista usurpador", se apresenta montado em um bezerro de ouro postado em um pedestal. Numa das mãos segura um cetro de ouro e, na outra, o globo terrestre, símbolos do seu poder e dominação. Aos seus pés, a imagem de uma multidão que se inclina submissa, escravizada. Meros clichês reproduzidos de matrizes nazistas como o

---

120. D'Albuquerque, *A Allemanha Grandiosa...*, pp. 34, 42-43, 93, 97 e 206.
121. Raphael de Hollanda, *Raça Eleita*. Rio de Janeiro, s/e, 1940, p. 9.
122. D'Albuquerque, *Integralismo...*, pp. 25, 28, 29, 38, 39, 43, 44 e 52.

jornal alemão *Der Stürmer* e o livro de estórias *O Cogumelo Venenoso*, além de representar visualmente um dos ícones dos *Protocolos*: o ouro[123].

O panfleto *Raça Eleita...* encontra-se dividido em quatro partes: I. Imigrantes indesejáveis; II. Concorrência desleal; III. Judeus e a Imprensa; IV. Madame Sarah... A maioria das expressões anti-semitas veiculadas no panfleto podem ser encontradas, com a mesma conotação, na correspondência oficial emitida por diplomatas brasileiros em missão no exterior entre 1930-1945. Retomando passagens do nosso passado histórico, o autor emprega um variado vocabulário anti-semita para apresentar certos personagens, como Gaspar das Índias (Gama), adjetivado como "salafrário", "solerte traficante"e "judeuzinho de Gôa". Raphael de Hollanda atribui aos judeus, de uma forma geral, o incrível poder de terem levado à falência os senhores de engenho do nordeste, além de explorarem o "tráfico de carne humana", expressão empregada pelo autor para referir-se à escravidão negra. Afirma que a comunidade judaica limitou-se a "explorar e a corromper", implantando no Brasil a Lei do Bezerro de Ouro; para demonstrar o quanto os judeus deveriam ser considerados "indesejáveis", de formarem um "*ghetto* de luxo" e de instituirem um "centro de dissolução da família brasileira". Na primeira parte, o autor justifica o moderno movimento imigratório dos judeus em função da especulação mercantil, visto que considera notória a aversão da comunidade pelo trabalho da terra. A seu ver, a coletividade israelita era, por excelência, mercantilista e, dessa forma, estava organizada para "explorar e corromper os outros povos". Acusa-os de exercerem sem restrições o prestamismo e o "caftismo". Neste sentido protesta: "A presença deste povo não convém aos países novos como o Brasil"[124].

Raphael de Hollanda explora, de forma depreciativa, a imagem popular do nosso conhecido "turco de prestação", concorrente do comércio varejista: "não pagam impostos e se infiltram

---

123. Sobre este tema ver Eduard Fuchs, *Die Juden In der Karikatur: Ein Beitrag zur Kulturgeschichte*, München, Albert Langen, 1921. Ver também comentários de Gustavo Barroso aos *Protocolos*: "O culto do ouro pelo judeu começa na Bíblia, com a adoração do Bezerro fundido por Abraão. Desde a mais alta antigüidade, o judeu cultiva e manobra o ouro...". Cf. *Protocolos, op. cit.*, p. 90, nota 4.

124. Raphael de Holanda, *Raça Eleita, op. cit.*, pp. 7-8.

em todos os lares burgueses, vendendo *fourrures* em Copacabana e sedas em Botafogo". Hollanda emprega expressões medievalescas ao definir metaforicamente os judeus como praga, terrível câncer e lixo social[125].

Repetindo a argumentação de Henry Ford em *O Judeu Internacional* e a tese dos *Protocolos dos Sábios de Sião*, Raphael de Hollanda acusa os judeus de estarem dominando a imprensa carioca. Como exemplo, cita o vespertino *A Noite*, que teria pertencido, há longos anos, a uma poderosa organização judaica. O jornal paulista *O Estado de S. Paulo* é, por sua vez, tratado como sendo o "jornalão cabuloso da synagoga dos Mesquitas e dos Murray Simonsens". O autor conclui com o capítulo "Madame Sarah", cuja temática é a prostituição, definida como "metier aceitável, não infamante, segundo o Talmud". Madame Sarah é descrita como "mulher judia, que se diz francesa, dona de casa de modas ou de pensão familiar". Generalizando suas afirmações, o jornalista apresenta-a como "traficante de mulheres brancas", com "lábia de antiga cortesã" e "sereia astuta".

No panfleto *À Margem do Conflito Europeu*, Raphael de Hollanda assume a retórica característica do discurso germanófilo, ao se apresentar como grande admirador de Hitler que leva os méritos de criador da Nova Alemanha. Como anti-semita ferrenho, Hollanda acusa a propaganda anglo-judaica de estar divulgando as mais "grosseiras balelas contra os pára-quedistas alemães", elogiados como "corpo de elite" e "soldados jovens e valorosos". Na sua opinião, a propaganda organizada pelo judaísmo estaria apregoando para a Inglaterra vitórias que não existiam. Ferinamente refere-se a um "judaísmo espumando de ódio, impotente, e que se organizou para envenenar as multidões Yankees sensíveis à publicidade espalhafatosa..."[126].

Da mesma forma como não economiza elogios a Göering, a quem chama de "herói alado", não nega a Hitler – tratado de "Chanceler de Aço" – qualidades impressionantes. Contaminado pelo veneno anti-semita, o autor defende a vitória do Pensamento Novo, que teria condições de proporcionar "uma nova era à Europa liberta do imperialismo judaico". O texto *À Mar-*

---

125. *Idem*, pp. 11-14.
126. Raphael de Hollanda, *À Margem do Conflito Europeu, op. cit.*, pp. 42-45.

gem do Conflito Europeu foi redigido de forma a criticar a Inglaterra e a agonia do *Intelligence Service* que, na sua opinião, fracassara na Europa e no Oriente.

A imprensa anti-semita

O anti-semitismo carece de um projeto de pesquisa temático que abarque o discurso intolerante propagado pelo periodismo brasileiro. Considerando-se que a imprensa é um dos principais veículos de comunicação, é natural que os anti-semitas a usassem como instrumento de doutrinação. Calcados em concepções xenófobas e nacionalistas, procuravam convencer o público-leitor de que os judeus eram os males da modernidade. Os jornais *Folha da Manhã*, de Recife e *Correio da Manhã*, *A Noite* e *A Nota*, estes do Rio de Janeiro, primaram por publicar matérias de cunho anti-semita[127].

Inúmeros foram os jornalistas que, enquanto "profissionais da intolerância", sustentaram um discurso vulgar reafirmando o mito da conspiração maximalista judaica propagado pelos *Protocolos* e pelo *Judeu Internacional*, de Henry Ford. Recém-nascida em 1917, a Rússia bolchevique recebeu, ao longo de décadas, análises pontuais deturpadas pela mentalidade anti-semita que avaliava a revolução russa como um "golpe de judeus cosmopolitas", dentre os quais Lênin e Trotski. Este foi o tom de uma matéria publicada pelo jornal carioca *A Noite*, em 25 de junho de 1924, que primou por avaliar os três primeiros anos da "ditadura bolchevique" segundo a moderna lógica anti-semita.

O artigo – entitulado "A Rússia Vermelha" – dedicou-se a nomear os responsáveis por aquele "mar de desgraças", fenômeno este que, comparado a uma catástrofe, não deveria ser ignorado pelo mundo civilizado: os judeus, homens que pela sua raça e religião não pertenciam a nação alguma organizada. Apoiados por um exército mercenário, os judeus eram responsabilizados pela "atual situação de caos e desgraça" vivenciada pelo antigo e

---

[127]. Este material foi sistematicamente inventariado e analisado por Maria das Graças Ataíde de Almeida em *A Verdade Autoritária: Imagens e Palavras na Interventoria de Agamenon Magalhães em Pernambuco*. São Paulo, Humanitas, FFLCH; História Social, USP, 2001; "A Imprensa Anti-semita no Brasil: Rio de Janeiro e Recife", in Anita Novinsky e Diane Kuperman (orgs.), *Ibéria Judaica*, op. cit.

colossal Império dos Tzares. Para se sustentarem no poder – visto que não contavam com a maioria do povo cristão que, até aquela data, "mordiam o freio, supportando os soviets" –, esses homens haviam organizado rapidamente um "poderoso exército composto, em maior parte de Mongóis, Manchús e Tártaros que, bem pagos e alimentados, estavam a devoção de seus donos"[128].

As vilanias e crimes atribuídos aos "novos chefes da Rússia Vermelha" transformavam os bolcheviques em assassinos, vândalos e ladrões da pior espécie. Além do extermínio de 1.766.113 pessoas, os revolucionários eram culpados pelos 20 milhões de mortos deixados pela "grande fome de 1921-1922", versão antecipada pelo *Jornal do Brasil* em 25 de abril de 1923. Com o objetivo de sensibilizar (e apavorar) o leitor católico brasileiro, a matéria identifica entre os mortos exterminados cerca de 28 bispos e 1.125 sacerdotes, 8.500 médicos, 6.775 professores, 355.259 representantes das classes intelectuais. Alertando para o "último saque bolchevista contra os bens eclesiásticos – quer schismáticos, quer cathólicos" – a matéria induz o leitor a compor o perfil de vilão dos judeus-chefes da Rússia: estúpidos, diabólicos e ignorantes[129].

Nos meses de janeiro, março, abril, maio e outubro de 1937, o jornal *A Nota* publicou cerca de dezenove artigos contra os judeus; enquanto que a *Folha da Manhã,* de propriedade de Agamenon Magalhães, publicou, entre novembro-dezembro/1937, cinco artigos anti-semitas e, entre janeiro-maio/1938, um total de vinte e um artigos com o mesmo teor[130].

Tradicionais estereótipos antijudaicos emergem desses textos jornalísticos que definiam os judeus com base em atributos desprezíveis, animalizando-os perante a opinião pública. A demonização do judeu ocupou um lugar importante no discurso periodístico liberado pelos orgãos censores do governo Vargas. Dentre as principais expressões identificadas no jornal *A Nota* temos, segundo pesquisa de Graça Ataíde: "forasteiros de nariz adunco e estômago esfaimados, polvos tentaculares, desonestos e sem escrúpulos, exploradores da miséria alheia, contrabandistas, lezadores do povo e do fisco, aluvião de parasitas, arruina-

---

128. "A Rússia Vermelha", in *A Noite*, 28.06.1924.
129. *Idem, ibidem.*
130. *Idem, ibidem.*

dores de lares, ser absorvente e perigoso, terríveis micróbios da humanidade, figuras patibulares, sujeitos sórdidos etc.".[131]

Importante lembrar que esses mesmos estereótipos podem ser identificados em várias obras de Gilberto Freyre, em que os judeus e/ou os cristãos-novos são descritos com atributos depreciativos como: "aves de rapina", "velhacamente matutos", "sem escrúpulos", "estranhos ao meio", "usurário" etc.[132] Definir o uso de tais expressões como sendo "um mero modismo" significa perpetuar mitos sacralizados pela política e pela cultura brasileiras.

A maioria dos artigos anti-semitas publicados pela grande imprensa, entre 1937-1945, convoca o leitor a refletir sobre a entrada de judeus (indesejáveis) no Brasil que, em consequência das perseguições nazi-fascistas, estariam "invadindo" o país fazendo uso vergonhoso das cartas de chamada. A imagem animalizada e degradante do imigrante judeu emerge atrelada a sua postura política e moral: "...fomentadores do comunismo que lançará no mundo a desordem, para então vir o domínio dos israelenses sobre todos os povos. E elles estão conseguindo pela corrupção que infeccionam e pela desordem que implantam por toda parte"[133].

A articulação de um complô internacional pelos judeus tem suas raízes, segundo o periódico *A Nota*, no nosso passado colonial, com a chegada de "Fernando de Noronha e a judiaria de sua raça que começaram a explorar o paó de tinta e a vender e importar escravos africanos". A presença histórica dos judeus e cristãos-novos no Brasil desde os tempos coloniais era descaradamente deturpada pelos jornalistas de *A Nota* que, através deste artifício, supriam a lógica fantasiosa do fenômeno anti-semita. Tanto a invasão holandesa como a Revolta de Beckmam teriam

---

131. *A Nota*. Rio de Janeiro, 2.01.37, p. 1; 6.01.37, p. 1; 7.01.37, p. 8; 9.01.37, p. 1; 11.01.37, p. 3 *apud* Maria das Graças Ataide de Almeida, "A Imprensa Anti-semita no Brasil...,, *op. cit* Observ.: usaremos a seguir apenas as datas de publicação dos artigos citados por Graça Ataide, autora desta detalhada pesquisa.

132. Gilberto Freyre, *Casa Grande & Senzala*, op. cit., pp. 226, 207; *Sobrados e Mucambos*, 6ª ed. Rio de Janeiro, José Olympio, 1981, vol. 1, pp. 13-14, 328. CF. Silvia Cortez Silva, *Tempos de Casa Grande*. Tese de Doutorado em História Social, FFLCH-USP, 1997.

133. *A Nota*. Rio de Janeiro, 2.1.1937, p. 1.

sido "concertadas pelas sinagogas de Amsterdã". Durante o governo Vargas, as acusações anti-semitas foram direcionadas para Armando Sales Oliveira e Macedo Soares, definidos como "membros de uma mesma quadrilha", "agentes da finanças internacionais" e "empregados de Rotschild"[134].

Alimentando o imaginário coletivo, esse tipo de matéria contribuía para reforçar a idéia de "complô", apresentado como um plano maquiavélico em que tudo era "obra de judeu": o aumento do preço do pão, o racionamento do trigo, a exploração de minerais, o domínio dos cargos no funcionalismo público, o monopólio de pedras preciosas[135]. Além de maquiavélico, o plano também era diabólico, calculado e refletido de trucidação, incêndio e carnagem.

Essa mesma questão foi desenvolvida em artigo assinado por Bastos Tigre no *Correio da Manhã* de 3 de outubro de 1937, texto reproduzido pela Imprensa do Estado-Maior do Exército na publicação *Em Guarda! Contra o Comunismo*. Para o autor, só mesmo uma "horda de judeus russos" – definidos como "estrangeiros invasores" –, seria capaz de planejar e dar forma literária a um programa sanguinário como esse[136].

Enfim, o perfil estigmatizado do judeu ia sendo "construído" em doses homeopáticas com o emprego de adjetivos pejorativos como gananciosos, exploradores, inescrupulosos, repulsivos, rastejantes, mercenários, agiotas, imundos, sujeitos sórdidos etc. Desenhava-se, por meio destas idéias deturpadas, o físico atrelado ao caráter dos judeus destituídos de qualquer dignidade. Um deputado de Santa Catarina assim os descreveu em artigo publicado em *A Nota*: "...o physico indica que o sangue judaico não foi extranho aquella formação"[137]. No dia 5 de maio, um outro periodista apresenta todos os comunistas como portadores de "traços physionômicos dum rebanho de raça slava, com traços de sangue semita"[138]. Os textos e as imagens visuais produ-

---

134. *A Nota*. Rio de Janeiro, 12.1.1937, p. 3.
135. *A Nota*. Rio de Janeiro, 8.1.1937, p. 1.
136. Bastos Tigre, "Em Guarda!", in *Correio da Manhã*, 3.10.1937. Reproduzido na obra *Em Guarda: Contra o Comunismo*. Rio de Janeiro, Imprensa do Estado-Maior do Exército, 1937, vol. 1, pp. 225-227.
137. *A Nota*. Rio de Janeiro, 28.10.1937, p. 3.
138. *A Nota*. Rio de Janeiro, 5.1.1937, p. 3.

zidas pela imprensa nazista e estes dois periódicos brasileiros (*A Nota* e *A Folha da Manhã*) tinham em comum o fato de articularem as mesmas formas de representação do judeu idealizado como um personagem feio, demoníaco, animalesco e maldoso. O objetivo era de produzir reações negativas nos leitores brasileiros, incitando o ódio e o desprezo em favor de uma Alemanha ou de um Brasil "limpos de judeus".

Figuras caricaturizadas de macacos, vermes, cogumelos venenosos e serpentes viscosas eram habilmente empregados para representar os judeus, rebaixando-os na sua condição humana. A forma de insetos (*Ungeziefer*) – metáfora comum no discurso anti-semita nazista[139] – foi comumente empregada pelo diário *Folha da Manhã* que, em 1937, alardeou o leitor pernambucano contra o judeu, inimigo político travestido ora de gafanhoto destruídor, ora de ave de rapina ou sereias masculinizadas. Perseguir os judeus, segundo este periódico pernambucano, era um imperativo público uma vez que "a única preocupação dessa raça parecia ser a de devorar a humanidade até a mais íntima medula"[140]. Imagens metafóricas da "praga dos indesejáveis", do "cancro social" e da "avalanche descontrolada", tornaram-se referências para os periodistas anti-semitas brasileiros preocupados em explicar, entre 1937-1945, o perigo da intensificação da imigração judaica[141].

Expressiva desta mentalidade intolerante é a matéria publicada pelo jornal paulista *A Gazeta*, em 1 de abril de 1938 e que foi anexado pelas autoridades policiais aos autos de Daniel Cohen[142]. O artigo aplaude a necessidade de leis severas contra os indesejáveis pois, segundo o autor da matéria, os judeus estavam se fixando nos centros urbanos onde formavam quistos raciais definidos como "verdadeiros cancros"[143]. Esta versão encontrava eco na realidade dos judeus radicados no bairro do Bom Retiro, em São Paulo, que – além de ser o principal centro resi-

---

139. Sobre este tema ver maiores detalhes em "A Estética da Exclusão", por Maria Luiza Tucci Carneiro, *Holocausto: Crime Contra a Humanidade*. São Paulo, Ática, 2000, pp. 31-33.
140. *Folha da Manhã*. Recife, 23.1.1938, p. 1; 21.11.1937, p. 3.
141. *Folha da Manhã*. Recife, 19.3.1938, p. 3.
142. *Pront. nº 13, Daniel Susano Cohen*. DEOPS/SP.
143. "Estrangeiros no Brasil", *Gazeta*. São Paulo, 1 abr. 1938. Anexo ao *Pront. nº 13, Daniel Susano Cohen*. DEOPS/SP. AESP.

dencial e comercial da colônia israelita paulistana – era um importante núcleo de ativistas ligados ao Partido Comunista e ao movimento sionista brasileiros. Este pressuposto justificou uma sistemática vigilância e repressão policial aos ativistas comunistas concentrados nesta região da cidade. Como muito bem lembrou Pierre Bourdieu: "...nossas representações mentais afetam a realidade e devem ser consideradas na descrição desta realidade"[144].

Tanto a imprensa como a Polícia Política raciocinavam nesta mesma direção. Na década de 30, o DEOPS de São Paulo chegou a anexar ao Pront. nº 2.431 do Partido Comunista Brasileiro um "plano de ação comunista", não datado, informando que a propaganda clandestina e a vida financeira do Partido, naquele momento, dependia em grande parte das iniciativas do grupo israelita. Este é descrito como sendo composto por "misteres parasitários que viviam do pequeno comércio, expedientes e especulações de toda a espécie, os torna contraindicados... Nós vemos por aí bairros inteiros nascendo como por encanto, e esses bairros, em vez de uma população mista, se formam de minorias raciais, verdadeiros quistos dentro da capital"[145].

Durante a II Guerra Mundial, setores da imprensa carioca e paulista retomaram o discurso anti-semita para investir contra o modernismo e a arte de Lasar Segall, vanguardismo associado ao comunismo. Enquanto artista expressionista, Segall incomodava a ala católica e fascista do jornalismo brasileiro que transformou sua exposição de 1943 num verdadeiro palco de conflitos raciais. A campanha, mascarada por um nacionalismo exacerbado, ganhou espaço junto a alguns jornais do Rio de Janeiro e São Paulo, que enquadravam o artista na clássica trilogia anti-semita: russo, judeu e comunista. Os editoriais anônimos, a princípio, não conseguiram deter por muito tempo os nomes de Cypriano Lage, Carlos Maul e Augusto de Lima Jr., denunciados pela ala da oposição como "membros da Quinta Coluna"[146].

---

144. Pierre Bourdieu, *Ce Que Parler Veut Dire*. Paris, Fayard, 1982. Sobre esta mesma questão ver Vera Lúcia Menezes Oliveira Paiva (org.), "Metáforas Negras", in *Metáforas do Cotidiano*. Belo Horizonte, UFMG, 1998, p. 108.
145. "Plano de Ação Comunista", anexado ao *Pront. nº 2.431, Partido Comunista Brasileiro, vol. 7, doc. nº 613, fls. 134-142*. DEOPS/SP. AESP.
146. "Campanha Condenável", por Luiz Martins, *Diário de São Paulo*. São Paulo, 1.6.1943; "Aspectos Retrospectivos da Exposição de Lasar Segall no Rio", *Folha da Noite*. São Paulo, 10. 6.1943. Arquivo do Museu Lasar Segall/SP.

O próprio artista chegou a comentar: "Não pode haver dúvidas quanto aos verdadeiros sentimentos políticos que animam os autores de tais 'críticas de arte' e de onde o vento sopra"[147]. Claúdia Valladão de Mattos indica como fonte inspiradora desses artigos ultranacionalistas contra Segall um opúsculo [?], escrito em 1941, pelo juiz Raul Machado e publicado pelo Ministério da Guerra alertando contra o perigo da infiltração comunista no Brasil[148].

Cypriano Lage, através do jornal *A Notícia*, propunha ao ministro Gustavo Capanema "...voltar atrás em suas iniciativas a favor da arte moderna... até o dia em que tivéssemos um 'Salão dos Independentes' ou um 'Museu de Arte Degenerada', em cujos salões – e aqui vai a revelação sensacional – Lasar Segall já figura, e desde alguns anos, com um dos seus melhores quadros..."[149]. Augusto de Lima Jr, em carta aberta dirigida a Capanema, pronunciou-se endossando a violenta onda de indignação contra Segall:

> Enquanto eu caminho para o acaso de minha vida, vossa excelência ascende para a Zenit da sua. Vossa excelência é uma promessa e virá a ser um estadista útil ao Brasil. Eu quero um Brasil decente para os meus filhos e netos, como vossa excelência para os seus. Não é dissolvendo caracteres em tontices rabiscadas ou trazendo o Mangue para o Museu de Belas Artes que se trabalhará pelos nossos ideais[150].

Nesse momento, a crítica ultranacionalista recuperou *slogans* totalitários insistindo na tese nazista da arte degenerada. Simpatizantes integralistas projetaram o debate para o campo político, sustentando o crucial dilema *Democracia* versus *Fascismo*. A partir das obras de Segall, o moderno foi identificado como "imoral, lixo, irreal, judaico, subversivo e comunista"[151]. O artis-

---

147. *Revista Acadêmica*. Rio de Janeiro, maio de 1943.
148. Cláudia Valladão Mattos, *Lasar Segall*, p. 77.
149. Citado e comentado por Geraldo Ferraz em seu artigo "Os Propósitos da Campanha Contra a Exposição de Lasar Segall", *Diário da Noite*. Rio de Janeiro, 3.6.1943. Arquivo do Museu Lasar Segall/SP; Maria Luiza Tucci Carneiro, *O Anti-semitismo na Era Vargas, op. cit.*, 3ª ed., pp. 331-334.
150. *Jornal do Comércio*. Recife, 28.5.1943. Do mesmo autor ver "Malasartes..." *A Notícia*. Rio de Janeiro, 1.6.1943. Arquivo do Museu Lasar Segall/SP.
151. Catálogo da Exposição *A Gravura de Segall*, realizada entre 18.8 a 25.10.1987. Rio de Janeiro, Fundação Pró-Memória, 1987, p. 6.

ta, rotulado de "russo-israelita", foi acusado de produzir uma "pintura dissolvente que envolve grave perigo à paz mundial"[152].

A campanha anti-semita desencadeada por este grupo foi veemente repreendida pelos jornais *Diário de Notícias, Diário Carioca, A Manhã, Diário da Noite, O Globo* e *Correio da Manhã*, dentre outros. Artistas e intelectuais brasileiros solidarizaram-se com o pintor: Manuel Bandeira, Jorge de Lima, Jorge Amado, Vinícius de Moares, Osório Borba, José Lins do Rego, Sérgio Milliet e Moacyr Werneck de Castro. O escritor baiano Jorge Amado – também perseguido pelo DOPS por ser comunista e acusador de escrever obras sediciosas – saiu em defesa de Segall:

> Segall é um homem que nunca fez concessões na sua pintura tão marcadamente social e antinazista... nos seus grandes quadros dos últimos anos tem impressa uma força de protesto contra a ditadura nazi-fascista que o coloca entre os velhos combatentes do bom combate contra o obscurantismo do nazismo e seus similares[153].

---

152. *A Tribuna*. Vitória, 26.5.1943. Arquivo do Museu Lasar Segall/SP.
153. "O Pintor Antifascista", por Jorge Amado, in *O Imparcial*, Salvador, 16.5.1943. Texto reeditado em *Lasar Segall: Antologia de Textos Nacionais*. Rio de Janeiro, Funarte, 1982, pp. 155-156.

Capítulo III

O Estado Nacional e o Anti-semitismo Político

I. Códigos secretos

Atuando de forma assistemática entre 1922-1937, as autoridades oficiais procuraram impedir que a corrente imigratória judaica se avolumasse, trazendo para o Brasil uma quantidade incontrolável de elementos indesejáveis, tanto do ponto de vista étnico como político. A partir de 1933, o governo brasileiro encontrou-se frente a uma categoria diferenciada de judeu: o refugiado do nazi-fascismo. Este distinguia-se daquele imigrante que, desde o final do século passado, havia se radicado no país dando início às primeiras comunidades judaicas modernas. Comparados aos demais imigrantes, os judeus eram os únicos que não possuíam Estado próprio, situação que reforçava ainda mais o estereótipo de judeu errante.

Consultado em 1934 sobre a possibilidade de receber um grande número de israelitas alemães – na maioria operários que portavam "cheque de três mil contos de réis para as primeiras despesas, certificado judiciário e de bom comportamento e cartas de poderosas sociedades judaicas da França" –, o governo brasileiro foi contrário. A posição do Ministério das Relações Exteriores foi endossada pelo Ministério do Trabalho, que considerou tal corrente imigratória inconveniente e, como tal, deveria ser desviada o quanto possível. Ordens confidenciais encaminhadas aos Consulados em Paris, Antuérpia e Amsterdam atestam que o assunto foi tratado como "melindroso" e que não deveria vir a público para não comprometer as relações diplomáticas com os Estados Unidos e a Grã-Bretanha.

A aprovação do sistema de quotas imigratórias, instituído pela Constituição de 1934, e a radicalização da repressão aos comunistas após novembro de 1935 sinalizam para uma nova fase do anti-semitismo no Brasil. Administrado por orgãos estatais competentes – Ministérios, Conselhos, Departamentos Nacionais e Polícia Política –, o sentimento de ódio e repulsa aos judeus foi acionado enquanto instrumento de contrôle social. Ao Ministério da Justiça e Negócios Interiores e à Polícia Política coube vigiar a comunidade judaica suspeita de "conspirar e formar a Quinta Coluna no Brasil"; julgar e penalizar aqueles que como judeus subversivos faziam parte dos grupos de resistência ao autoritarismo; e expulsar do país os judeus que tivessem atentado contra a ordem interna, colocando em risco a Segurança Nacional. Qualquer sinal de "enquistamento" deveria ser neutralizado, evitando o sucesso dos projetos de colonização judaica na Diáspora, assim como "ajuntamentos políticos" que favorecessem "complôs secretos liderados pelo judaísmo internacional".

Ao Ministério das Relações Exteriores e ao Conselho Nacional de Imigração e Colonização coube a responsabilidade de conter o fluxo imigratório de judeus que, em consequência da prática anti-semita sustentada pelos regimes nazi-fascistas, encontravam-se desprovidos de qualquer identidade jurídica. A partir de 25 de maio de 1937, o anti-semitismo foi formalizado secretamente por aqueles que gerenciavam o poder. Mascarado por um discurso ufanista dedicado a "promover o homem trabalhador e defender o desenvolvimento e a paz social do país", tornou-se sistemático. A adoção sucessiva de circulares secretas se prestou para desqualificar os judeus enquanto cidadãos e qualificá-los como fonte de ameaça. Administradas pelo Estado, essas regras criaram fronteiras físicas e mentais incitando "sentimentos de estranheza" com relação aos judeus. Na prática, esses sentimentos trouxeram graves consequências para milhares de refugiados que, estigmatizados como judeus de índole parasitária ou por não disporem de capital suficiente para "negociar" sua entrada no Brasil, tiveram seus vistos indeferidos. Uma *Ordem Permanente de Serviço nº 26*, expedida pelo Ministério das Relações Exteriores, antecipou o teor antijudaico de várias outras circulares e pareceres secretos expedidos por autoridades políticas brasileiras durante o governo Vargas. A intenção era impedir, quanto possível, a entrada no Brasil de imigrantes israelitas sem nacionalidade que, incluídos nas quotas de imigração dos países de onde procediam, estariam "burlando" as disposições constitucionais a respeito[1]. Esta "ordem de serviço" é apenas o embrião de uma práxis cujas conseqüências não podem ser ignoradas por aqueles que preservam os direitos humanos. Ignorar ou negar tais regras significa compactuar com os princípios defendidos pela extrema-direita radical:

O Anti-semitismo Político
Regras anti-semitas adotadas pelo governo Brasileiro (1937-1949)

Ordem Permanente de Serviço nº 26 (anti-semita), de 25 de maio de 1937. Ministério das Relações Exteriores. Antecipa o teor anti-semita da Circular Secreta nº 1.127.

Circular nº 1.127 (secreta), de 7 de junho de 1937, regulamenta a entrada de estrangeiros no território nacional. Configura a adoção de uma política imigratória restritiva aos judeus. Ministério das Relações Exteriores, Ministro Mario de Pimentel Brandão.

Circular nº 1.249 (secreta), de 27 de setembro de 1938, regulamenta a entrada de estrangeiros de origem semita no território nacional. Ministério das Relações Exteriores, gestão Oswaldo Aranha.

Decreto nº 3.010, de 20 de agosto de 1938, dispõe sobre a entrada de estrangeiros em território nacional. Autoriza as autoridades consulares do Brasil a conceder vistos nos passaportes de pessoas de origem étnica não israelita.

Circular nº 1.293, de 14 de março de 1939, comunica que as de nºs 1.127 e 1.249 passam a ser de natureza reservada, devendo todo assunto a elas afeto ser considerado neste caráter. Ministério das Relações Exteriores, gestão Oswaldo Aranha.

---

1. *Ordem Permanente nº 26 que trata de visto em passaporte de apátrida.* Rio de Janeiro, 25 maio 1937. Lata 602, maço 9.458. AHI/RJ.

Circular nº 1.296 (reservada), de 22 de março de 1939, referente a visto de turismo em passaportes de israelitas. Recomenda que sempre que houver dúvidas a respeito da qualidade de verdadeiros turistas dos estrangeiros israelitas que desejam vir para o Brasil, deve ser-lhes recusado... sobretudo se tratar-se de refugiados políticos alemães e italianos. Ministério das Relações Exteriores, gestão Oswaldo Aranha.

Circular nº 1.281, de 10 de fevereiro de 1939, autoriza os consulados a aceitar certificados de vistos em passaportes de israelitas, expedidos pela Divisão de Passaportes do MRE, desde que eles tenham data anterior a 31 de dezembro de 1938. Ministério das Relações Exteriores, gestão Oswaldo Aranha.

Circular nº 1.323 (secreta), proibindo a concessão de visto temporário a estrangeiro de origem semita. Ministério das Relações Exteriores, gestão Oswaldo Aranha.

Resolução nº 39, de 23 de junho de 1939, impondo regras para a concessão de 3.000 vistos a pedido do Papa Pio XII. Conselho de Imigração e Colonização.

Circular nº 1.352 (reservado), de 11 de agosto de 1939, referente às autorizações de entrada em território nacional expedidas em favor de estrangeiros de origem semita. Recomenda anotar nº e data das referidas autorizações. Ministério das Relações Exteriores, gestão Oswaldo Aranha.

Circular secreta nº 1.328, abrindo exceções para os semitas franceses, ingleses, canadenses e americanos que poderiam, "sem receio" receber visto temporário, cf. letra b da Circular nº 2.149. Ministério das Relações Exteriores, gestão Oswaldo Aranha.

Circular nº 1.461 (reservada), de 9 de julho de 1940, vistos em passaportes de israelitas. Ministério das Relações Exteriores, gestão Oswaldo Aranha.

Circular nº 1.485 (reservada), de 12 de novembro de 1940, suspendendo, até novas instruções, a concessão de vistos temporários em passaportes de refugiados de nacionalidade polonesa. Ministério das Relações Exteriores, gestão Oswaldo Aranha.

Circular nº 1.488, de 26 de novembro de 1940, sobre a recusa de visto em passaportes de indesejáveis. Ministério das Relações Exteriores, gestão Oswaldo Aranha.

Circular nº 1.489 (reservado), suspendendo a concessão de vistos temporários e permanentes a israelitas e seus descendentes. Ministério das Relações Exteriores, gestão Oswaldo Aranha.

Circular nº 1.499, de 24 de dezembro de 1940, normas para a entrada de estrangeiros no Brasil. Permite visto permanente aos nacionais dos Estados americanos, aos portugueses natos, aos técnicos especializados ou agricultores contratados, cujo capital não for inferior a 200.000$000..., os que provarem transferência para o BB o equivalente a 400.000$000 no mínimo; suspende a concessão de vistos temporários ou permanentes aos semitas. Ministério das Relações Exteriores, gestão Oswaldo Aranha.

Decreto-lei nº 3.175, de 7 de abril de 1941, que restringe a imigração e dá outras providências assentadas entre o MRE, MJNI e o CIC. Subordina a consulta prévia ao MJNI a concessão de visto. (O teor anti-semita deste decreto se faz nos bastidores, mascarado pela Circular 1.522).

Circular nº 1.522, de 6 de maio de 194, dá instruções para a aplicação do *Decreto-Lei nº 3.175*, de 7 de abril de 1941. Ministério das Relações Exteriores, gestão Oswaldo Aranha. Art. 4º § 4: exceções para vistos temporários aos judeus mediante consulta prévia indicando "requisitos físicos e morais"; Art. 9º, letra f: vistos permanentes só com consulta prévia quando se tratar de judeus; Art. 9º, § 5º: quando se tratar de judeus e indivíduos não pertencentes à raça branca, a autoridade consular deverá mencionar.

Circular nº 1.529, de 1941, sobre a concessão de passaportes a brasileiros natos e naturalizados de origem semita. Ministério das Relações Exteriores, gestão Oswaldo Aranha.

Circular nº 1.540, de 25 de julho de 1941, recomenda que conste junto aos vistos concedidos, entre parênteses, a nacionalidade de origem dos apátridas, em atenção ao art. 12 das instruções relativas ao Decreto-lei, de 7 de abril de 1941. Ministério das Relações Exteriores, gestão Oswaldo Aranha.

Circular nº 1.657, de 19 de setembro de 1943, proíbe a autorização de vistos a argentinos naturalizados, sem prévia consulta à Secretaria do MRE, mencionando a nacionalidade de origem e, também étnica, no caso de se tratar de israelita. Ministério das Relações Exteriores, gestão Oswaldo Aranha.

Resolução nº 88, sobre prazo de validade dos vistos em passaportes estrangeiros. Conselho de Imigração e Colonização aprovada pela Presidência da República.

Circular nº 1.548, de 27 de agosto de 1941, quando caduca o visto. Informa que a Resolução nº 88 refere-se apenas aos vistos comuns e não aos diplomáticos ou oficiais grátis.

O P.S. de 10 de fevereiro de 1942, obriga os interessados em obter vistos a assinarem, previamente, uma declaração da qual conste nunca lhes ter sido negada a entrada no Brasil.

Circular nº 1.788, de 15 de março de 1944, concessão e passaportes brasileiro durante o estado de guerra, com atenção a brasileiros naturalizados, especialmente de origem semita...

Circular nº 1.657, de 19 de setembro de 1943, proíbe a autorização de vistos a argentinos naturalizados, sem prévia consulta à Secretaria do MRE, mencionando a nacionalidade de origem e, também étnica, no caso de se tratar de israelita. Ministério das Relações Exteriores, gestão Oswaldo Aranha.

> *Circular nº 129* (reservada), de 6 set. 1946, sobre a concessão de vistos a estrangeiros. A entrada de judeus e asiáticos ficava dependendo de uma resolução do CIC, mediante consulta da Secretária do Itamaraty. Cf. instruções do Presidente Dutra e aprovada pelo CIC. Divulgada através da *Circular nº 293*, de 15 de outubro de 1946, Ministério das Relações Exteriores, Gestão Raul Fernandes, ministro interino Samuel Souza Leão Gracie.
> *Circular nº 375*, parágrafo único, nº 5, da *Circular nº 200* de 1946, viajantes israelitas com passagem de ida e volta, deveriam informar quantos dias o navio ficaria no porto, em caso de visto de trânsito. Ministério das Relações Exteriores, Gestão Raul Fernandes.
> *Instrução nº 117/511.3*, de 1º de fevereiro de 1947, para concessão de visto em passaporte. Item b: não visar passaportes de judeus. Conselho de Imigração e Colonização. Gestão Raul Fernandes.
> *Circular nº 589* (reservada), de 1º de fevereiro de 1948, impondo regras anti-semitas. Conselho de Imigração e Colonização autorizado pela Presidência da República.
> *Resolução nº 161* (reservada), de 1º de setembro de 1949, impondo regras a concessão de visto, em caráter permanente, a um parente de semita ou de alienígena de origem diversa da européia. Casos análogos de outros parentes deveriam ser negados. Conselho Nacional de Imigração e Colonização, autorizado pela Presidência da República.

II. Tratados da ignorância

Reafirmando a idéia de que as palavras têm o poder de interferir na realidade, consideramos que um conjunto de estudos anti-semitas colaboraram para reforçar junto às autoridades políticas brasileiras uma visão de mundo preconceituosa. A partir de um "saber técnico", o Estado Nacional (1930-1949) desenvolveu políticas imigratórias de exclusão e mobilizou recursos do Direito para afirmar suas categorias raciais. Apoiados em uma estrutura burocrática morosa e um funcionalismo racista, os presidentes Vargas e Dutra, e a maioria dos seus respectivos ministros de Estado, diretores de departamentos, intelectuais orgânicos e autoridades policiais, capitalizaram opiniões e preconceitos endossando a prática do anti-semitismo político no Brasil. Abusando do poder que tinham em mãos e se pronunciando em nome da ética, do bem público e da Segurança Nacional, esses homens negaram igualdade de condições aos judeus, requisito básico da justiça e uma das mais inertes especulações da civilização moderna.

A atitude intolerante do governo varguista frente à questão judaica não se fez de maneira aleatória. A maioria dos estudos que ofereceram subsídios para o Estado tratar a questão judaica foram elaborados por diplomatas sediados no exterior. Esses documentos, enquanto libelos contra o povo de Israel, são vergonhosos exemplos da degradação do pensamento humano. O tema – antes de ser avaliado como uma "teoria acerca da malignidade" – se presta também como testemunho de que o anti-semitismo não foi um fenômeno exclusivo da Alemanha nazista, guardadas as respectivas proporções. O Brasil, assim como tantos outros países da América, teve também seus "verdugos", muitos dos quais continuam escondidos atrás das suas máscaras, ainda que mortos.

O conteúdo desses estudos, réplicas repulsivas do discurso anti-semita hitlerista, foi compartilhado pelas autoridades do primeiro escalão do governo varguista que, em sintonia política, aplaudiam medidas profiláticas antijudaicas. Tais textos funcionavam como verdadeiros manuais de intolerância ao apelar para as idéias de "infiltração judaica sub-reptícia", "movimentos sociais e políticos secretos liderados por judeus comunistas", "invasão de misteres parasitários" que sobreviviam "as custas de "especulações de toda a espécie" (leia-se aqui usura, prostituição, comércio, ilegal etc.). A metáfora do "parasita" – também empregada por Gilberto Freyre em *Casa Grande & Senzala*[2] – emerge compondo com a imagem do "cancro" que cresce e desintegra o corpo doente da nação.

Dentre esses estudos, o mais radical é um libelo de autoria de Jorge Latour que, após ter exercido durante vários anos a função de Encarregado dos Negócios do Brasil junto a Legação de Varsóvia, veio a ser nomeado Presidente do Conselho Nacional de Imigração e Colonização durante o governo Dutra. Esse cidadão, cuja mentalidade anti-semita não deixa dúvidas, foi o mentor em 1947 de instruções secretas contrárias à entrada no Brasil de judeus sobreviventes do Holocausto[3]. Em novembro

2. Gilberto Freyre, *Casa Grande & Senzala: Formação da Família Brasileira sob o Regime da Economia Patriarcal*, 21ª ed. Rio de Janeiro, José Olympio, 1961, pp. 237-238.
3. Ver estudo comparativo desenvolvido por Leonardo Senkman, "La política Inmigratória del primer peronismo respecto de los refugiados de la postguerra: una perspectiva comparada com Brasil, 1945-1954", in Beatriz Gurevich e Carlos Escudé, *El Genocídio ante la Historia y la Natureza Humana*. Buenos Aires,

de 1936, Latour escreveu um documento que é exemplar da construção da teoria acerca da malignidade dos judeus, argumento clássico herdado do anti-semitismo tradicional de fundamentação teológica, cristã. Esse estudo, de quarenta e duas páginas, entitula-se *A Emigração Israelita da Polônia para o Brasil: Considerações inatuais e observações atuais a propósito dêste Mal*. As "considerações a propósito do Mal" se prestaram como suporte para o diplomata Barros de Pimentel, da Legação Brasileira em Varsóvia, emitir suas opiniões acerca dos judeus poloneses interessados em se radicarem no Brasil. Latour confessou que, com esse trabalho, cumpria o seu "dever de funcionário e de bom brasileiro"[4].

Latour mostrou-se um "incansável bom brasileiro", investindo também contra os judeus da Itália quando, em 1938, atuava como Segundo Secretário da Embaixada do Brasil em Roma. Por determinação do embaixador brasileiro Guerra-Durval, Latour elaborou um detalhado relatório sobre *A Questão Racial na Itália*, considerando a "inegável importância do tema para o nosso país". A campanha racista adotada por Mussolini, segundo o embaixador brasileiro, abrangia vários aspectos de preservação da raça itálica, compreendendo igualmente um programa anti-semita, apoiado em fundamentos de ordem racial e social[5]. Como uma "sutil sugestão", o embaixador encaminhou ao Itamaraty a cópia do decreto *La Difesa Della Razza*, que determinava a expulsão dos judeus estrangeiros chegados à Itália, depois de 1º de janeiro de 1919. O relatório foi enviado para Oswaldo Aranha, Ministro das Relações Exteriores, em 27 de novembro de 1938, totalizando dezoito páginas de veneno anti-semita. Este conjunto de documentos tinha como propósito orientar o governo brasileiro, para que este pudesse "com segurança" manter

---

Universidad Torcuato Di Tella, Grupo Editor Latinoamericano, 1994, pp. 263-298.

4. Jorge Latour, "A Emigração Israelita da Polônia para o Brasil...". Anexo ao Ofício reservado nº 90 de J. P. de Barros Pimentel, da Legação do Brasil em Varsóvia para José Carlos de Macedo Soares, Ministro de Estado das Relações Exteriores. Varsóvia, 30 set. 1936, Lata 622, Maço 9.650. AHI/RJ.

5. Ofício nº 203 de Guerra Durval, Embaixador do Brasil na Itália para Oswaldo Aranha, Ministro das Relações Exteriores. Roma, 16 ago. 1938. 640.16 (96), AHI/RJ.

uma "lúcida equidistância entre as correntes que se extremam no trato da fundamental questão"[6].

O veneno anti-semita irradiou-se por todos os poros do Poder. Em fevereiro de 1938, o germanófilo Filinto Müller, então chefe da Polícia Federal do Rio de Janeiro, apresentou a Francisco Campos, Ministro da Justiça e Negócios Interiores, o *Memorial relativo à questão dos estrangeiros no Brasil, especialmente no que se referia à entrada de judeus em território nacional*. Para comprovar a lógica do seu discurso, Müller invocou elementos doutrinários extraídos de um "excelente" trabalho, elaborado em 1934 pelo Ministro do Brasil [*sic*] em Bucarest, A. de Vilhena Ferreira Braga, além de outros relatórios de diplomatas brasileiros sediados em Bordeaux, Berna e Varsóvia, obviamente todos anti-semitas[7]. É de um relatório do capitão Pedro M. da Rocha, delegado comercial do Brasil em Varsóvia, que Filinto Müller reproduz a imagem do judeu enquanto "raça" inassimilável e psiquicamente degenerada:

> Raça inassimilável e egoísta. Ingrata, sem patriotismo é altamente prejudicial ao paiz que a abriga. Physicamente degenerada. Estupidamente intolerante em materia religiosa considera inimiga o resto da humanidade. Os indivíduos não se adaptam a nenhum trabalho productivo... São comerciantes usurarios ou servem de intermediários para qualquer negócio. Vivendo exclusivamente da exploração do proximo é desehumano e sem escrupulos. Procuram sempre as cidades onde se agglomeram em bairros immundos, sem hygiene, passando a maior parte do tempo como sedentarios... Quase todos são communistas ou sympatizantes do credo vermelho[8].

---

6. O texto deste decreto determinava a expulsão dos judeus estrangeiros chegados à Itália, depois de 1º de janeiro de 1919. As concessões de cidadania italiana feitas aos judeus, posteriormente àquela data, foram todas revogadas pelo art. 3º do referido decreto. Segundo o art. 4º, foi fixado em seis meses o prazo para que os judeus abandonassem os territórios do Reino, da Líbia e do Egeo. Os que se não ausentassem dentro do referido prazo, seriam expulsos e lhes seriam aplicadas as penas estabelecidas por lei. "Il testo del decreto per l'allontanamento dei giudei stranieri dall'Italia", in *Il Popolo Di Roma*, 13 set. 1938-XVI.

7. Memorial relativo a questão dos estrangeiros no Brasil, especialmente no que se refere à entrada de judeus em território nacional, encaminhado por Filinto Müller, Chefe de Polícia Federal à Francisco Campos, Ministro da Justiça e Negócios Interiores. Rio de Janeiro, 5 fev. 1938, Lata 741, Maço 10.561. AHI/RJ.

8. Fragmento citado por Filinto Müller, Memorial..., pp. 26, 27.

Os argumentos convergiam para a idéia de que os imigrantes judeus eram indesejáveis por suas idéias políticas e sociais, por pertencerem às mais baixas camadas sociais, por serem avessos ao trabalho agrícola e por suas atividades comerciais impróprias ao desenvolvimento do comércio nacional. A triste realidade, segundo Müller, convergia para o fato de que os judeus eram homens "sem profissão e sem trabalho, provavelmente comunistas". Após trinta páginas de especulações anti-semitas, Müller propõe como medida imperiosa o repatriamento tanto dos "parasitas" como dos "agentes extremistas" (judeus) que agiam entre nós".

O discurso anti-semita de Filinto Müller encontrou respaldo junto à Interventoria de Pernambuco, comandada por Agamenon Magalhães, político dedicado, sobretudo, à propaganda doutrinária estadonovista. Rodeado por renomados representantes da elite católica pernambucana, Agamenon investiu numa verdadeira "cruzada" salvífica calcada nos sentimentos nacionalista, xenófobo, anticomunista e anti-semita. Tanto a *Folha da Manhã*, jornal fundado pelo interventor, como a conservadora revista *Fronteiras* – esta liderada por Manuel Lubambo, então secretário da Fazenda de Pernambuco – prestaram total apoio à esta busca desenfreada por "culpados"[9]. A idéia de complô judaico internacional propagada por estes meios de comunicação e pelas autoridades políticas instigou a população a agir contra a comunidade judaica de Pernambuco. Pregava-se a necessidade urgente de "frear os effeitos neffastos da raça destruidora da humanidade"[10].

Exemplo desta ação/reação anti-semita é o selo mandado imprimir pelo pernambucano Ivo Pessôa da Silva nas oficinas gráficas da Firma Renda, Priori & Cia. O contrato garantia a impressão de 5 mil selos mediante o pagamento de cinquenta mil réis por ocasião da entrega. Em 22 de março de 1939, o jovem Ivo Pessôa declarou ao Delegado da Delegacia de Ordem Política e Social de Pernambuco que, desejando colaborar com a campanha nacionalista promovida pelo corpo editorial da re-

---

9. Maria das Graças A. Ataide de Almeida, *A Verdade Autoritária*. São Paulo, Humanitas/FFLCH, 2001, pp. 163-239.
10. *Folha da Manhã*. Recife, 20.03.1938, p. 3; *apud* Ataide de Almeida, *op. cit.*, p. 200.

O selo anti-semita

vista *Fronteiras* editada naquela capital, desenhara o selo de combate ao judaísmo. Previdente, consultara uma "alta autoridade do Estado", o então Manuel Lubambo, secretário da Fazenda, que não viu inconveniência na divulgação das etiquetas além de achar "que combater o judaísmo era colaborar com o Estado Novo"[11].

O selo, cortado no formato de um círculo, trazia como slogan a frase: "Salvemos o Brasil da Invasão Judaica", complementada pela explicação: "Por causa do judaísmo internacional o Brasil não tem petróleo, trigo, borracha, tranquilidade, estando sempre ameaçado na sua economia".

Iniciativas como esta multiplicaram-se durante o Estado Novo, colaborando para exorcizar os judeus como "algozes, desumanos, frios, calculistas e destruidores". Em agosto de 1939, o cidadão Benjamin Couto da Silva encaminhou a Getúlio Vargas um estudo "sôbre a falada questão judaica, objetivando demonstrar que as dolorosas e constantes perseguições aos semitas em todo o mundo são uma consequência de seu próprio modo de viver e pensar"[12]. A este documento somou-se um outro intitulado

---

11. Auto de Declarações de Ivo Pessôa da Silva ao Delegado Edson Moury. Recife, 22 de março de 1939. Auto de Declarações de Ferdinando Dalla Nora, interessado da firma Renda, Priori e Cia ao Delegado Edson Moury. Recife, 18 de março de 1939. *Pasta nº 5*. DEOPS/PE.

12. "Estudo sôbre a falada questão judaica, objetivando demonstrar que as dolorosas e constantes perseguições aos semitas em todo o mundo são uma consequência de seu próprio modo de viver e pensar". Estudo encaminhado por Benjamin Couto da Silva ao Presidente da República. São Paulo, 2 ago. 1939. Série Documentos Terceiros da Presidência da República, Lata 741, Maço 10.561, AHI/RJ.

"Indústria de Judeus", de autoria de H. Pinheiro de Vasconcelos, Cônsul Geral do Brasil em Londres, encaminhado ao Chanceler Oswaldo Aranha em 1940[13].

Para explicar sua tese de que no Brasil existia uma "Indústria de Judeus", o Cônsul Pinheiro de Vasconcelos valeu-se de metáforas extraídas do mundo da industrialização: força-motriz, engenhosidade, capital e trabalho[14]. Na sua opinião, "agentes judeus", movidos por "interesses ocultos", agiam com astúcia, destreza e criatividade a fim de conjugar suas atividades clandestinas ao lucro ilícito. O objetivo final era de dominar o mundo valendo-se de situações trágicas como aquelas vivenciadas pelos refugiados do nazi-fascismo. Extorquindo dinheiro dos seus patrícios "desterrados", os agentes judeus vendiam cartas de chamada aos interessados em imigrar para o Brasil que, desesperados, submetiam-se "a qualquer tipo de falcatrua, sem qualquer pudor moral". Mera coincidência ou não, o mito da conspiração propagado pelos *Protocolos dos Sábios de Sião* em 1905, foi retomado e atualizado no espaço e no tempo, tanto pelo diplomata Pinheiro de Vasconcelos como pelo historiador Finkelstein em sua recente obra *A Indústria do Holocausto* (2001).

Além de um grupo seleto de diplomatas a serviço no exterior, inúmeros outros anti-semitas atuavam nos bastidores do Palácio do Itamaraty e do Ministério da Justiça, ambos sediados no Rio de Janeiro. Fizeram jus ao teor anti-semita dos seus escritos: Maurício Nabuco, Secretário-Geral do Ministério das Relações Exteriores, João Severiano da Fonseca Hermes e Labienno Salgado dos Santos, da Divisão de Passaportes, Ernani de Souza Reis, alto funcionário do Ministério da Justiça. No Departamento Nacional de Imigração, do Ministério do Trabalho, Indústria

---

13. Ver com título e conteúdo similares, a polêmica obra de Norman G. Finkelstein, *A Indústria do Holocausto*. Trad. Vera Gertel, Rio de Janeiro, Record, 2001. Fragmentos da polêmica sobre o livro: "Roger Cohen, "Livro sobre Holocausto agita Alemanha", *O Estado de S. Paulo*, 10 fev. 2001, p. A20; Andrea Lombardi, "Duas Leituras Inaceitáveis sobre o Holocausto", *O Estado de S. Paulo*, 27 maio 2001, p. D11; Ubiratan Brasil, "Historiador Identifica uma Indústria do Holocausto", *O Estado de S. Paulo*, 4 mar. 2001, D5.

14. "Indústria de Judeus", de H. Pinheiro de Vasconcelos, Cônsul Geral do Brasil em Londres para Oswaldo Aranha, Ministro das Relações Exteriores. Londres, 5 jul. 1940. Lata 741, Maço 10.561. AHI/RJ.

e Comércio, a corrente anti-semita era sustentada desde 1922 pelo seu diretor Dulphe Pinheiro Machado.

Em março de 1941, Fonseca Hermes enviou ao Chanceler Aranha o memorandum "O Vaticano e os judeus", um misto de anti-semitismo com anticlericalismo exacerbado[15]. Adaptando a versão dos *Protocolos* à realidade nacional e internacional, Fonseca Hermes diaboliza tanto a atuação do Vaticano como a dos judeus, cujas "máscaras" se prestavam à consecução dos fins a que se propunham alcançar: "riqueza e poder". Ao seu ver, estes dois grupos tinham em comum a imoralidade baseada no pragmatismo materialista. Nesse momento estava em questão junto ao Conselho de Imigração e Colonização, a situação dos judeus-católicos alemães que, por intercessão da Santa Sé, tiveram 3.000 vistos liberados, dos quais apenas 803 chegaram a ser efetivamente concedidos.

III. Reabilitando a imagem do judeu errante

A imagem do judeu errante pode ser considerada como uma das representações mais expressivas articulada pelo anti-semitismo político durante o governo Vargas. Entre 1933-1945, esta figura mítica se fez presente no imaginário das autoridades políticas e de eminentes intelectuais brasileiros. Desde 1933, o cidadão judeu alemão – alvo da intolerância nacional-socialista – passou a ser considerado como um mero indivíduo, sem direitos e deveres para com sua pátria-mãe. Diante do anti-semitismo político praticado pelo III Reich, a figura jurídica do judeu alemão tornou-se indefinida. Como homens sem direito à cidadania e representantes de uma "raça" avaliada como impura, os judeus foram expulsos da Alemanha e, como tais, obrigados a caminhar em busca de refúgio.

A postura anti-semita sustentada por várias nações européias e americanas reabilitou, neste momento, a imagem do judeu como um eterno caminhante sem pátria, personagem já consagrado pela literatura medieval e moderna. Este conceito, interpretado

---

15. "O Vaticano e os Judeus". Memorandum de João Severiano da Fonseca Hermes para Oswaldo Aranha. Rio de Janeiro, 10 mar. 1941. Maço 5.745. AHI/RJ. Analisado em detalhes por Avrahan Milgran, *op. cit.*, p. 144.

à luz dos regimes anti-democráticos, assumiu conotações políticas. A ambigüidade do termo "errante" possibilitou adaptar a história do judeu Ahasverus à realidade do judeu apátrida, dinâmica que acelerou a metamorfose de certos fatos histórico-bíblicos em mitos políticos. Ao mesmo tempo em que os anti-semitas brasileiros apelavam para a imagem depreciativa do judeu errante, Lasar Segall – consagrado pintor de origem russa radicado no Brasil desde 1923 – valia-se deste mesmo personagem como estratégia de denúncia social. Segall conseguiu captar a alma desta figura retratada como um ser triste e magoado, uma espécie de mortovivo que vaga pelo mundo sem direção. Os olhos vazados e os rostos vazios dos judeus segallianos superam a força de um olhar delineado pela retina, expressando a total "desintegração do eu". Em *Êxodos* (1945) e *Visões de Guerra* (1940-1943), os figurantes caminham – errantes – como se estivessem em busca de uma luz na escuridão[16].

Os *Eternos Caminhantes*, pintados por Segall em 1919, nada mais são do que figuras opacas, cujos olhos vazados expressam o clima de resignação que domina a tela. Este caminhar eterno foi retomado, quase trinta anos depois, em *Êxodus I* (1947) e *Êxodo* (1949) quando Segall apelou novamente para a metáfora da "massa errante" que, no pós-guerra, identificava-se com a imagem frágil dos deslocados de guerra. Nestas duas obras, o artista valeu-se do coletivo para esboçar o grau de melancolia daqueles milhares de Ahasverus, cujos rostos nada mais são do que círculos pálidos sem boca e sem voz[17].

No entanto, é nos documentos diplomáticos brasileiros que o judeu errante (re)aparece enquanto elemento do discurso político. Como imigrante sem-pátria, ele é identificado com o proscrito e prófugo (desertor), expressões pejorativas empregadas como sinônimo daquele que erra. Nada mais do que códigos simbólicos de comunicação; nada mais do que palavras carrega-

---

16. De Lasar Segall ver *Êxodos*, 1945; *Visões de Guerra, 1940-1943*, cat. nº 84. Cf. *Catálogo Lasar Segall, 1891-1957*, Berlin, Staatliche Kunsthalle Berlin; São Paulo, Museu Lasar Segall, 1990.

17. *Eternos Caminhantes* (óleo s/tela, cat. nº 17); *Êxodus I* (óleo s/tela. 1947, cat. nº 15) e *Êxodo* (óleo s/tela, 1949, cat. nº 67). Cf. Catálogo Lasar Segall, *op. cit.*

das de subjetividade. Mas, em qualquer situação ficava sempre subentendido – para além da idéia de fuga – a figura de alguém que, expulso de sua pátria, emigrou em direção ao infinito. Em 1938, o diplomata brasileiro Barros Pimentel, responsável pela Legação brasileira em Berna, definiu-os como "pertencentes todos à Humanidade"[18].

Mesmo após a repercussão das notícias sobre o Holocausto, o anti-semitismo político (de caráter secreto) persistiu nos bastidores do governo brasileiro. Ao nível das mentalidades intolerantes, pequenas "queixas" registradas nas delegacias polícias expressam as sutilezas do anti-semitismo popular. Apelidar alguém de "judeu", por exemplo, poderia ser mal interpretado cabendo ocorrência junto à polícia local. Em fevereiro de 1945, por exemplo, Isack Choques registrou queixa na 6ª Subdelegacia do Distrito de Itaquera "por ter sido insultado por José Vasniak que o apelidou de Judeu". O querelado "foi repreendido ficando o caso resolvido"[19].

Anti-semitismo e anti-sionismo

Para avaliarmos a dimensão do anti-semitismo político no Brasil – enquanto elemento mitificador – devemos considerar os dilemas enfrentados pelo movimento sionista que, desde o século XIX, reivindicava a formação de um Lar Nacional Judaico na Palestina garantindo o *status* de nação ao povo judeu. No Brasil, os grupos sionistas – herdeiros de utopias assimiladas junto aos partidos políticos europeus – reproduziam os conflitos enfrentados pelo movimento principalmente na Lituânia, Polônia, Rússia, Alemanha e Austrália.

Alguns falavam em nome de um sionismo-socialista, linha de pensamento liderada por Bem-Zvi, Ben-Gurion e Berl Katzenelson, homens que moldaram a colonização judaica na Palestina; outros defendiam a formação de colônias judaicas autônomas na Diáspora, independentes da concentração dos ju-

---

18. Ofício de J. R. de Pimentel Brandão, da Legação Brasileira de Berna para Oswaldo Aranha, Ministro das Relações Exteriores, Berna, 20 de setembro de 1938, Lata 1.243, Maço 27.865, AHI/RJ.
19. Livro de Registro de Queixas, 6ª Subdelegacia de Polícia de Itaquera referente a 16.02.1927 a 14.09.1946, p. 197.

deus em Eretz Israel. Um segmento da esquerda marxista judaica – representado em São Paulo por um grupo de ativistas do Centro de Cultura e Progresso, o *Jugund Club* – via com esperança um possível renascimento da vida judaica na Baixa Silésia, região do sudoeste polonês, avaliado como "o novo lar judaico". Para eles, o sionismo era interpretado como uma ideologia nacionalista burguesa, sendo inadmissível a ambição de se criar um Estado judeu em território secularmente habitado por um população árabe. A proposta sionista era inviável! Tanto assim que eles foram surpreendidos com a aprovação da Partilha da Palestina na ONU, enquanto ato compartilhado pela União Soviética e pelos países socialistas do Leste Europeu[20].

Para as autoridades brasileiras responsáveis pela ordem interna, o perigo estava na ação política dos grupos que defendiam a idéia da criação de múltiplas comunidades judaicas na Diáspora, não necessariamente na Palestina. Qualquer forma de organização por parte dos imigrantes judeus mais politizados era interpretada, na maioria das vezes, como uma "orquestração do plano dos Sábios de Sião para dominar o mundo". Lembramos que entre os comunistas presos após a "Intentona" de 1935, havia vários filiados do Bund.

E, por estar impregnado de idéias socialistas, o sionismo estava incluído na categoria dos movimentos ditos revolucionários. Portanto, cabia aos Ministérios e ao Conselho de Imigração e Colonização evitar a formação de novos núcleos judaicos no Brasil, abortando – através de pareceres anti-semitas – iniciativas comunitárias como aconteceu, por exemplo, com a colônia judaica da ICA, em Rezende (RJ). Tanto Vargas como Dutra preferiram investir na imagem idílica da Palestina enquanto "Terra Prometida", do que favorecer o acolhimento de judeus no território brasileiro. Daí a preocupação constante do Itamaraty e do Ministério da Justiça em evitar que judeus refugiados do nazi-fascismo e deslocados de guerra viessem a se radicar em colônias fronteiriças ou no próprio território brasileiro. Para o governo brasileiro, apoiar a formação de um Estado Judaico na Palestina extrapolava a idéia desta ser apenas uma solução para

---

20. Jacob Gorender, "Prefácio", in Arlene Clemesha, *Marxismo e Judaísmo* e *História de uma Relação Difícil*, São Paulo, Boitempo/Xamã, 1998, p. 11.

a questão judaica. Os benefícios eram múltiplos: além de expressar o endosso do Brasil às iniciativas humanitárias dos Estados Unidos, também se apresentava como solução para o fluxo de judeus "indesejáveis", (re)direcionados para o novo Lar Judaico, o futuro Estado de Israel.

Após a Partilha da Palestina em 1947 o presidente Dutra – cujas tendências germanófilas, anti-semitas e anticomunistas marcaram sua passagem pelo governo Vargas – não via com bons olhos os rumos tomados pelo recém-criado Estado de Israel, candidato a "satélite comunista". Incomodava-o a criação de *kibutz* modelados pelas práticas socialistas, da mesma forma como "estranhava" o reconhecimento imediato da URSS (1948) a Israel. A esses fatos somou-se o auxílio armamentista dado pela Tchecoslováquia, aliada dos israelenses contra os árabes insatisfeitos com a Partilha da Palestina. Esse contexto pressionou o Brasil a retardar para 7 fevereiro de 1949 seu reconhecimento oficial ao Estado de Israel e para 1952 o estabelecimento das legações diplomáticas[21].

Um constante clima de tensão marcou, durante todo o período da Guerra Fria, a postura do governo brasileiro, comprometido de um lado com sua tradição anti-semita, e de outro com os ideais democráticos defendidos pelos Estados Unidos. Em maio de 1949, durante a Assembléia Geral da ONU, o Brasil se absteve na votação sobre a admissão de Israel naquela organização (aprovada pela Resolução nº 273, III), condicionando seu voto à "estrita implementação por Israel das resoluções relativas à internacionalização de Jerusalém e à questão dos refugiados árabes". Este posicionamente justificava-se pelos seguintes fatos: o Brasil, país católico por tradição, não estava interessado em se opor ao Vaticano, favorável à internacionalização de Jerusalém; da mesma forma, não pretendia desagradar aos países árabes, cujas relações comerciais seriam intensificadas ao longo dos anos 60 e 70.

Esta equidistância pragmática (de conciliação) manteve-se até 1975, quando o governo brasileiro, atingido pela crise mun-

---

21. Sobre estas questões ver *Brasil e Israel: Diplomacia e Sociedades*, coletânea organizada por Norma Breda dos Santos. Brasília, UnB, 2000; "Samuel Malamud nomeado Cônsul Honorário de Israel no Brasil", in *A Voz Sionista* (n. 14), 5 maio 1949, p. 28. Arquivo Sionista, Israel.

dial do petróleo, optou por uma postura radical: votou na Assembléia Geral da ONU a favor da Resolução nº 3.379, que qualificava o "sionismo como forma de racismo e discriminação racial". E, a partir da Intifada, a mídia brasileira reforça a associação negativa entre sionismo/racismo ao taxar Israel de "potência racista e exterminadora", cujo regime é comparado ao *apartheid* na África do Sul. Essas imagens – deturpadas pela ignorância, interesses políticos e econômicos – implicam a parcialidade de julgamentos expressando as condições limitadas daqueles que as interpretam.

Hoje, um anti-semitismo velado serpenteia pela mídia brasileira que, a partir da Guerra dos Seis Dias (5 a 11.6.1967), ignora que a formação do Estado de Israel tem uma dimensão histórica. Matérias comprometidas com as percepções do sentidos (paixões e emoções) apresentam Israel como um país "expansionista", "usurpador de cidadania", "força de ocupação", "opressor" etc., versão reforçada nas escolas por livros didáticos de História e Geografia Geral. Os países árabes aparecem como vítimas massacradas pelos judeus, descritos como "povo armado e dominador". Israel é o vilão da história. Massacre e chacina tornam-se palavras usuais para classificar as ações militares do Estado de Israel.

Em 1947, a imprensa carioca mostrou-se emocionada com o enforcamento de dois sargentos ingleses sequestrados pelo Irgun (milícia clandestina judaica) sem, no entanto, mostrar qualquer indignação ante as façanhas praticadas em represália pela soldadesca britânica em Tel-Aviv que, além de metralhar o povo nas ruas, incendiou dois cafés de propriedade judaica e investiu de carro contra a multidão que assistia ao enterro de cinco vítimas desta chacina. Jornalistas cariocas, sem distinguir "terroristas" de "partisans", chegaram a comparar os métodos do Irgun aos da Gestapo, polícia política do III Reich[22]. Em 1967, o *Jornal do Brasil* retomou essa tática discursiva ao comparar as investidas militares israelenses às táticas nazistas, ao mesmo tempo em que os terroristas palestinos eram tratados como "guerrilheiros", "ativistas" e "desalojados"[23].

---

22. "Os 'Terroristas' Judeus e seus Juízes", in *Aonde Vamos?*. Rio de Janeiro, 7 ago. 1947, Ano VII (nº 221), p. 1. Arquivo Sionista, Israel.
23. *Jornal do Brasil*, 1.06.1967, 6.06.1967, 1.07.1967. Ver análise deta-

Em janeiro de 2001, o sociólogo Emir Sader, comprometido com sua visão parcial acerca dos conflitos no Oriente Médio, publicou o artigo "O Lobby do Holocausto" na coluna Opinião, da *Folha de S. Paulo*, com críticas a Israel fundadas no velho discurso "à moda dos Protocolos"[24]. Essa mesma coluna abriu espaço em fevereiro de 2002 para a "opinião" de Gabriela Wolters que, para compor seu artigo "Os guetos de Sharon", apelou para uma análise sobre a dimensão da bárbarie israelense igualada, genericamente, à barbárie nazista. Ao acusar os israelenses de estarem enclausurando os palestinos em "guetos e campos de extermínio semelhantes àqueles criados pelos nazistas durante a II Guerra Mundial", a autora ignora conceitos históricos reafirmando a sua hipótese de que "os segregados de ontem são os segregadores de hoje"[25].

No entanto, esta apropriação do discurso nazista não é um "desmérito" apenas de intelectuais brasileiros. Em março de 2002, o escritor português José Saramago – Prêmio Nobel de Literatura e autor popular em Israel, com livros traduzidos para o hebraico – comparou a repressão israelense a "uma forma mais perversa de apartheid". Após ter se encontrado com o líder palestino Arafat, em Ramallah, José Saramago fez jus ao título de uma de suas obras mais recentes *Ensaio sobre a Cegueira*: comparou o sofrimento dos palestinos, sob a ocupação das tropas israelenses, com o sofrimento dos judeus nos campos de concentração nazistas. Referindo-se aos campos palestinos observou: "...tudo isso tem um ar de campo de concentração que me faz lembrar de Auschwitz...". Nessa mesma data, um atentado suicida num hotel da cidade de Netania, praticado por um extremista palestino do Hamas, deixava pelo menos 16 mortos e 130 feridos (24 em estado grave). No momento do ataque, as vítimas (todas civis) reuniam-se para comemorar o início do *Pessach*

lhada por Diana Kuperman, "Mídia e Oriente Médio: Uma Relação de Guerra e Paz", in *Brasil e Israel: Diplomacia e Sociedades, op. cit.*, pp. 235-264.
24. Emir Sader, "Dois Pesos e Duas Medidas", in *Opinião, Folha de S. Paulo*, 4.01.2001, p. 3. Como expressão da reação dos órgãos representativos da comunidade judaica ver Natan Berger (FIESP), Edda M. Bergmann (B'nai B'rith) e Pedro P. Kövesi (B'nai B'rith), "Para Acabar com a Guerra na Palestina 2", in *Opinião, Folha de S. Paulo*, 8.01.2001, p. A3.
25. Gabriela Wolthers, "Os Guetos de Sharon", in *Opinião, Folha de S. Paulo*, 1.02.2002, p. A2.

(Páscoa judaica). Sobre este crime o senhor Saramago não se pronunciou[26].

É neste contexto que insistimos sobre o perigo dos discursos que, nos dias atuais, proliferam tanto entre os partidários da extrema-direita como entre os adeptos da "respeitada" esquerda, ambos "contaminados" por veneno que nem a ilustração nem os direitos humanos conseguem erradicar. Não podemos desvirtuar o sentido das causas e colocar numa mesma balança os atos nazistas, terroristas e luta de sobrevivência. Avaliações simplistas ofuscam a interpretação dos fatos que, atualmente, se faz modelada por valores maniqueístas. Como muito bem frisou o escritor israelense Amos Oz, estão em jogo dois projetos distintos, que merecem nosso total apoio: o da nação palestina de libertar-se da ocupação e tornar realidade a criação do Estado palestino independente; e o da nação judaica de ter o seu Estado reconhecido como um direito. Condenar a sobrevivência do Estado judeu, livre e soberano, ou a criação de um Estado palestino, significa ignorar o que ambos os povos têm: direito.

Terrorismo e fanatismo não devem servir de ingredientes para uma guerra que se diz "Santa". Neste contexto – o da desrazão – o anti-semitismo encontra campo para proliferar, comprometendo as negociações de Paz já gastas pelas constantes manipulações do conflito. É difícil as nações se desvencilharem dos mitos, muitos seculares. E o conflito no Oriente Médio se alimenta da velha tradição anti-semita que inspira a mídia nacional e internacional.

O Brasil não pode se deixar contaminar pelo ódio e a intolerância que, num passado colonial não tão longíquo, marcaram sua história. É certo também que a diplomacia brasileira, em diferentes momentos de sua trajetória política, oscilou entre o diálogo democrático e o monólogo autoritário. Mas, colocando-se a favor da destruição de Israel e da expulsão dos judeus de sua terra, nós brasileiros – judeus e não-judeus – estaremos apoiando o fanatismo desenfreado, pautado na ignorância. E quando isso acontece, o todo se converte em Nada, porque o homem, preocupado em julgar, se abstêm do passado histórico.

26. "Para Saramago, Israelenses são 'Judeus Nazistas' ", *Folha de S. Paulo*, 28.03.2002, p. A14.

IV. O ovo da serpente

Durante a ditadura militar – período consagrado como "os anos de chumbo" – estereótipos anti-semitas seculares foram reeditados à luz da nova realidade brasileira. Neste período medievalesco, a tradicional antítese da Luz, símbolo do Bem, versus Trevas, símbolo do Mal, ressurgiu das cinzas para servir à extrema-direita. A mentalidade preconceituosa dos homens do Exército e da Polícia Política ecoou nos porões do DOI-CODI[27], onde chavões anti-semitas se prestaram para agredir os militantes judeus, presos como subversivos. Em 1968, o AI5 encarregou-se de lapidar as informações intensificando o controle das idéias e tirando de circulação intelectuais, jornalistas e estudantes. Entre novembro de 1969 e outubro de 1976, dez militantes de esquerda de ascendência judaico-brasileira foram mortos sob tortura nos porões da ditadura civil-militar, que dominou o país após 31 de março de 1964[28].

Como ativistas das múltiplas alas da esquerda no Brasil – e não por militância judaica e/ou sionista –, dezenas de jovens judeus se engajaram na luta política contra a repressão. Como românticos revolucionários, acreditavam numa alternativa para a civilização capitalista moderna e para o autoritarismo civil-militar[29]. E, no compasso marcado pelos verdugos, não deixaram de

27. *DOI-CODI – Destacamento de Operações de Informações/Centro de Operações de Defesa Interna do II Exército*, foi criado em setembro de 1970, por decreto do Presidente Médici. Segundo Jacob Gorender, o DOI-CODI surgiu da OBAN – Iniciativa conjunta do II Exército e da Secretaria de Segurança Pública do governo Abreu Sodré, em 29 de junho de 1969, para combater as crescentes ações de guerrilha urbana. Jacob Gorender, *Combate nas Trevas*, 5ª ed. São Paulo, Ática, 1998 *apud* Beatriz Kushnir em seu estudo inédito "Nem bandidos, nem heróis: os militantes judeus de esquerda mortos sob tortura no Brasil (1969-1975)", in *Perfis Cruzados: Trajetória e Militância Política no Brasil*. Rio de Janeiro, Imago, 2001.
28. *Dossiê dos Mortos e Desaparecidos Políticos a partir de 1964*. São Paulo, Governo do Estado de São Paulo, Imprensa Oficial, 1996; Nilmário Miranda e Carlos Tibúrcio, *Dos Filhos deste Solo: Mortos e Desaparecidos Políticos: A Responsabilidade do Estado*, São Paulo, Fundação Perseu Abramo, Boitempo, 1999; Janaina Teles, (org.), *Mortos e Desaparecidos Políticos: Reparação ou Impunidade?*. São Paulo, Humanitas/FFLCH, 2000. Dados analisados por Beatriz Kushnir em seu estudo inédito "Nem Bandidos, nem Heróis...", *op. cit.*
29. Michael Löwy e Robert Sayre, *Romantismo e Política*. São Paulo, Paz e Terra, 1993, pp. 34 e 235; Marcelo Ridenti, "O Romantismo Revolucionário

ouvir clássicos chavões anti-semitas acionados com o intuito de lhes fazer "sangrar a alma". A expressão "judeu de merda" fez parte das torturas psicológicas, segundo lembranças de um preso político. No prontuário do jornalista Julio Lerner ficou registrado a tradicional trilogia "judeu, comunista, subversivo": "...descendente de judeus, mantinha relações com os comunistas sendo, portanto, um 'elemento perigoso em potencial' "[30].

Foi neste contexto de "caça às bruxas" que a *TFP - Tradição, Família e Prosperidade* – organização profética fundada por Plínio Corrêa de Oliveira[31] – conquistou geração após geração, formando um exército de vigilantes do Mal. Atuante desde 1960, a TFP tornou-se a mais notória organização civil anticomunista do Brasil, cujo objetivo era "combater a vaga do socialismo e do comunismo e ressaltar, a partir da filosofia de São Tomás de Aquino e das encíclicas, os valores positivos da ordem natural, particularmente a família, a tradição e a propriedade"[32].

Adaptando o mito da conspiração secreta à realidade política dos anos 60 e 70, a TFP pregava o combate aos Filhos das Trevas que estavam minando, em escala mundial, as estruturas políticas e sociais. Oração, penitência e mobilização eram sugeridos como uma espécie de anticorpos revolucionários, capazes de minar a resistência dos "anjos decaídos". Estes, definidos como "hostes demoníacas, verdadeiras legiões de espíritos malígnos, comandados por Lúcifer, haviam organizado uma rede de influência e coerção". Recuperando o mito da conspiração secreta, característico do discurso anti-semita dos anos 30 e 40, a TFP incitava o ódio e a vingança, reforçando a idéia de que a humanidade vivenciava um estado geral de desagregação. Esta realidade era interpretada como uma conseqüência da ação do homem mo-

nos Anos 60", in Alípio Freyre, Izaias Almada e J. A. de Franville Ponce (orgs.), *Tiradentes: Um Presídio da Ditadura: Memória de Presos Políticos*. São Paulo, Scipione, 1997, p. 415.

30. Dossiê nº 3.670/7, DEOPS/SP; Maria Luiza Tucci Carneiro, "Força, Medo, Liberdade... Algumas Coisas que não Combinam entre Si", in Julio Lerner, (org.), *Cidadania Verso & Reverso*. São Paulo, Secretaria da Justiça e Defesa da Cidadania, 1999, pp. 65, 66.

31. Verbete: "Sociedade Brasileira de Defesa da Tradição, Família e Propriedade", in *Dicionário Histórico-Biográfico Brasileiro*, op. cit., vol. 4, pp. 3239-3241.

32. Verbete: "Oliveira, Plínio Corrêa de", in *Dicionário Histórico-Biográfico Brasileiro*, op. cit., vol. 3, p. 2443.

derno que, influenciado pela liberdade de agir, havia se desvencilhado das doutrinas católicas, deixando-se subordinar pelos agentes do Mal.

Esta pregação inspirava-se na velha tese dos *Protocolos dos Sábios de Sião* "revelada" aos novos missionários de Deus. Fragmentos do texto apócrifo, reeditado no Brasil até 1991, eram inseridos durante as reuniões e conversas informais dos membros da TFP, incutindo-lhes a crença de que os judeus-maçons continuavam a conspirar contra a cristandade, infiltrando-se por todos os poros da sociedade. O objetivo final dessas Forças Secretas seria de, num futuro próximo, fundir todas as religiões numa só, formando a República Universal, "uma sociedade sem governo, sem leis e sem fronteiras". Para realizar o Grande Plano, os altos dirigentes das Forças Secretas recorreriam à Franco-Maçonaria e, acima desta, à Judeu-Maçonaria. A TFP previa a dominação da Terra por Lúcifer que, como Príncipe das Trevas, iria apossar-se da obra de Deus, seu eterno rival. Este processo – identificado como de "putrefação da alma humana" e que estava sendo executado pelas Forças Secretas desde os tempos medievais – deveria ser interrompido de forma a evitar que os povos se curvassem a Lúcifer, tornando-se um amálgama amorfo e irreconhecível[33]. Nos anos 80, o anti-semitismo ressurge no Brasil revitalizado pelos grupos de extrema-direita, dentre os quais estavam os *Skinheads* (Carecas) e o PNSB - Partido Nacional-Socialista Brasileiro. Fundado em 1985 por Armando Zanine – oficial da Marinha Mercante e ex-militante do Partido Socialista Brasileiro – o PNSB defende as idéias de Hitler, Mussolini e apóia Enéas Ferreira Carneiro.

Infelizmente não conseguimos adentrar no século XXI ilesos do veneno da serpente que continua a encantar os inimigos da democracia. Em setembro de 2001, o eufemismo "sionismo é racismo" foi retomado por grupos interessados em colocar em dúvida a legitimidade do Estado de Israel, criado em 1948. Matérias veiculadas pela grande imprensa brasileira e pela Internet questionaram o direito dos judeus possuírem um Estado e de se manifestarem enquanto nação, com cultura e identidade próprias. O ponto de tensão foi a *Conferência Internacional da ONU contra o Racismo* realizada em Durban, em setembro de 2001, onde

---

33. José Antônio Pedrialli, *op. cit*, pp. 148-150.

cidadãos identificados com a causa palestina aproveitaram-se para demonizar Israel e personificar os judeus como bárbaros. Assim, o sionismo foi definido: "...como uma forma específica da discriminação racial fundada no colonialismo ocidental contra todos os outros povos". Tradicionais ranços anti-semitas veicularam junto à mídia, que abriu espaço para "manifestos" comprometidos com a fraude e a mentira; reforços diários que se prestam para moldar a opinião pública que, mais uma vez, bebe o veneno da fonte.

Considerações Finais

O anti-semitismo moderno atingiu seu auge no Brasil entre 1933-1945, influenciado pelo discurso mobilizador do nacionalismo católico de direita e pelas teorias racistas propagadas pelos regimes nazi-fascistas. Ideologicamente, o sentimento antijudaico foi difundido através de uma literatura produzida por militantes identificados com os princípios defendidos pela Igreja católica, por intelectuais integralistas e homens da imprensa. Reagindo contra a modernidade, este grupo – averso ao pluralismo democrático – alimentou um discurso acusatório contribuindo para a demonização e animalização da imagem dos judeus ao nível do imaginário coletivo.

A partir de 1937, o anti-semitismo político foi endossado pelos governos Vargas e Dutra colocando em risco a vida dos refugiados judeus perseguidos na Europa pelo nazi-fascismo. Pressionado pela política internacional sustentada pelas nações defensoras dos ideais democráticos e dos direitos humanos, o governo brasileiro se viu obrigado a manter seus valores anti-semitas embutidos numa prática de bastidores. Ao adotar critérios seletivos e excludentes sustentados por circulares secretas, o Brasil transformou o anti-semitismo num instrumento de poder: "negociou" vistos, quando deveria salvar vidas independente da "raça/religião", do *status* financeiro, da "ética" diplomática e das relações de amizade. Ao classificar os judeus como "rebutalhos e parasitas", as autoridades governamentais estavam condenando à morte milhares de refugiados que não tinham para onde ir. Essa responsabilidade cabe não apenas ao Brasil, mas a vários outros países da América. Ao endossar o discurso anti-semita dos nazistas que queriam ver a Europa "limpa de judeus", o governo brasileiro tornou-se conivente com as práticas totalitárias e omisso diante da maior catástrofe do século XX: o Holocausto.

A estratégia da comunidade judaica brasileira (dividida em segmentos políticos e culturais distintos) foi de manter-se reclusa até alguns anos do pós-guerra para, a partir daí, projetar-se de forma interativa através de suas instituições coletivas e grupos empresariais. Do ponto de vista da política interna adotada pelos regimes ditatoriais (1937-1945; 1964-1978), os judeus radicados no Brasil, quando perseguidos pelos orgãos de repressão (DOPS e DOI-CODI), o foram – em primeira instância – por seu envolvimento com as lutas libertárias e humanistas. Em meio ao discurso da repressão, submergiu sempre – como que num baixo *continuum* – o secular estigma de ser judeu. Lembrando aqui um velho ditado "a anatomia do carrasco é que explica a vítima".

Do ponto de vista do mental coletivo, podemos considerar que o mito do complô judaico internacional ainda persiste nos dias de hoje, enquanto um dos paradigmas do anti-semitismo moderno. O conteúdo, que até então era transmitido através do tradicional *suporte/livro*, agora circula por meio mais ágil de comunicação: a *Internet*. Nos sites neonazistas temos o registro de que preconceitos seculares não se dissolvem com a simples mudança de regime ou através da imposição de um decreto lei.

Ao mesmo tempo, o ódio milenar ao judeu sobrevive também patrocinado pelas distorções da mídia que alimentam opiniões generalizadas sobre o conflito no Oriente Médio. Na esteira do atentado terrorista ao World Trade Center (Nova York, 11.09.2001), intelectuais, jornalistas e universitários brasileiros celebraram o terror com boas doses de anti-semitismo. Ao tentarem revelar a vulnerabilidade do imperialismo americano e acusar Israel de "terrorismo" e "genocídio", esses cidadãos quebraram um dos ovos da serpente. O impacto estético das torres perfuradas pelos aviões extrapolou o conceito de ato terrorista. Não podemos nos esquecer – conforme muito bem definiu o geógrafo Demétrio Magnoli – que a mente, valendo-se da mentira e da distorção dos fatos, ainda é prisioneira da lógica totalitária.

SEGUNDA PARTE:

ELEMENTOS DO DOSSIÊ E ESTADO DA QUESTÃO

Documentos

1. O caráter judaico

"A nação constitui-se religiosamente, sem prejuízo das duas grandes dissidências que, por tolerância política da maioria, conservaram-se à sombra dos guerreiros mata-mouros: os judeus e os mouriscos. Essas relações de tolerância política permaneceram até que os segregados, ou pela superioridade do seu gênio mercantil ou industrial, ou pela circunstância de serem um tanto estranhos ao meio e por conseguinte mais sem escrúpulos do que os outros, tornaram-se detentores das grandes fortunas peninsulares. Foi quando a maioria se apercebeu de que sua tolerância estava sendo abusada. Pelo menos pelos judeus!

Para conter os ódios que se levantaram quentes, fervendo contra a minoria israelita, é que se organizou o Tribunal do Santo Ofício, reunindo à função de examinar as consciências o poder de examinar a frio e metodicamente os bens acumulados por mãos do herege. Os judeus haviam se tornado antipáticos menos pela sua abominação religiosa do que pela falta completa de delicadeza de sentimentos, tratando-se de questões do dinheiro com os cristãos. Suas fortunas acumularam-se principalmente pela usura proibida pela Igreja aos cristãos ou pelo exercício da administração pública, nas grandes casas fidalgas e mesmo nas corporações católicas de cargos que convinham aos interesses dos cristãos latifundiários fossem exercidos por indivíduos desembaraçados de escrúpulos católicos-romanos e das leis da Igreja".

FREYRE, Gilberto. *Casa Grande & Senzala: Formação da Família Brasileira sob o Regime da Economia Patriarcal*. 21ª ed. Rio de Janeiro, José Olympio, 1981, pp. 207-208.

2. O judeu errante no teatro oitocentista gaúcho

"MALHERBE (amo muito espantado, entrando) – Que é isto, Judas? Enlouqueceste, Inesperto? Onde está tua ama?

INESPERTO – Qual enloqueci... Todos os dias arrumo esta casa; e em todos os dias nela acho que arrumar; e ainda me pergunta por minha ama, mulher feia, velha e má... Ainda mais mol, mais ruim que este meu amo (Para o amo, dando a mão). Vá-se embora daqui para fora, senão... o matam, seu Judeu Errante!".

QORPO-SANTO, "As Relações Naturais", in *Teatro Completo: Qorpo-Santo*. São Paulo, Iluminuras, 2001, p. 172.

3. Tipologia anti-semita

"O velho banqueiro, Abraão Máier, era o tipo desses israelitas que, saídos do nada, adquirem, sem que se saiba o modo, imensa fortuna. Nascido em miserável loja de pequena cidade provinciana, começara a vida a mascatear; com o fardo de objetos miúdos às costas, percorrerá o país em todas as direções, não desprezando o mais modesto lugarejo. Sóbrio, incansável, ajudado por um desses acasos favoráveis que parecem proteger o trabalho do semita, depressa adquiriu pequeno capital; certa especulação feliz, num abrir e fechar de olhos, fê-lo homem rico, e, o tempo, banqueiro milionário. (p. 12)

Diálogo entre Abraão, o velho banqueiro e seu filho Samuel:

SAMUEL – Oh! Que maldição ter nascido judeu, pertencer a essa raça desprezada, da qual nenhuma educação, nenhuma riqueza apaga o estigma!

ABRAÃO – Tu te enganas, meu filho; o ouro destrói os preconceitos mais enraizados; esses orgulhosos cristãos curvam

bem baixo a fronte diante do judeu desprezado, para obterem um pouco desse metal que não conserva estigma por ter passado pelas nossas mãos. Mas – acrescentou o banqueiro, fechando cautelosamente a porta do aposento – desde quando te veio o estranho pensamento de anatematizar teus ascendentes e o desejo de ser cristão? Será porque eles vêm muito pouco às nossas reuniões? – terminou com um sorriso malicioso". (p. 13)
ROCHESTER, J. W. *A Vingança do Judeu*. Romance psicografado pela médium Wera Krijanowski, (1ª ed. em português 1903), 15ª ed. Rio de Janeiro, Federação Espírita Brasileira de São Paulo, 1993, pp. 12-13.

4. O judeu como anomalia social e biológica

"Técnicos de usura, tais se tornaram os judeus em quase toda parte por um processo de especialização quase biológica que lhes parece ter aguçado o perfil de ave de rapina, a mímica, em constantes gestos de aquisição e de posse, as mãos em garras incapazes de semear e de criar. Capazes só de amealhar".
FREYRE, Gilberto. *Casa Grande & Senzala: Formação da Família Brasileira sob o Regime da Economia Patriarcal*, 21ª ed. Rio de Janeiro, José Olympio, 1981, p. 226.

5. O falso discurso dos Sábios de Sião

(...) "Para que os espíritos dos cristãos não tenham tempo de raciocinar e observar, é necessário distraí-los pela indústria e pelo comércio. Desse modo, todas as nações procurarão suas vantagens e, lutando cada uma pelos seus interesses, não notarão o inimigo comum. Mas, para que a liberdade possa, assim, desagregar e destruir completamente a sociedade dos cristãos, é preciso fazer da especulação a base da indústria. Desta forma, nenhuma das riquezas que a indústria tirar da terra ficará nas mãos dos industriais, mas serão sorvidas pela especulação, isto é, cairão nas nossas burras.

A luta ardente pela supremacia, os choques da vida econômica criarão e já criaram sociedades desencantadas, frias e sem coração. Essas sociedades terão uma profunda repugnância pela política superior e pela religião. Seu único guia será o cálculo, isto é, o ouro, pelo qual terão verdadeiro culto*, por causa dos bens materiais que pode proporcionar. (pp. 89-90)

* O culto do ouro pelo judeu começa na Bíblia, com a adoração do Bezerro fundido por Abraão. Desde a mais alta antiguidade, o judeu cultiva e manobra o ouro... (*Comentário de Gustavo Barroso*, nota 4, p. 90).

(...) "Que forma de administração se pode dar a sociedades em que por toda a parte penetrou a corrupção*, em que somente se atinge a riqueza por meio de surpresas hábeis que são meias-velhacadas; sociedades em que reina a licença de costumes, em que a moralidade somente se aguenta por causa de castigos e leis austeras, não por princípios voluntariamente aceitos; em que os sentimentos de Pátria e Religião, são abafados por crenças cosmopolitas? (p. 91)

* Neste ponto, os 'Protocolos' conferem com a cínica declaração do judeu Oscar Levy: 'Somos os corruptores do mundo, seus destruidores, seus incendiários, seus carrascos. Não há progresso, porque, justamente, nossa moral impediu todo progresso real e criou obstáculos a toda reconstrução do mundo em ruínas'. Que glória! Conferem ainda, e, melhor, com o que escreveu o judeu Kurt Muenger no *Der Weg nach Sion* (*O caminho de Sião*): 'Que nos odeiem, nos expulsem, que nossos inimigos triunfem sobre nossa debilidade corporal, será impossível se livrarem de nós! Nós corroemos os corpos dos povos e infeccionamos e desonramos a raça, quebrando-lhes o vigor, apodrecendo tudo, descompondo tudo com nossa civilização mofenta...' Que glória! (*Comentário de Gustavo Barroso*, nota 1, p. 91).

(...) "Os Estados modernos possuem uma grande força criadora: a imprensa. O papel da imprensa consiste em indicar as reclamações que se dizem indispensáveis, dando a conhecer as reclamações do povo, criando descontentes e sendo seu órgão.

A imprensa encarna a liberdade da palavra. Mas, os Estados não souberam utilizar essa força e ela caiu em nossas mãos*. Por ela, ajuntamos o ouro em nossas mãos, a despeito das torrentes de sangue e de lágrimas que nos custou consegui-lo... Resgatamos isso, sacrificando muitos dos nossos. Cada uma de nossas vítimas, diante de Deus, vale milhares de cristãos.

* O domínio do judaísmo na imprensa, nas agências de informação, de publicidade e distribuição de livros e jornais, é notório. Cf. 'Service Mundial': Léon de Poncins, 'Les forces secretes de la révolution'. 'La Guerre Occulte'. (*Comentário de Gustavo Barroso*, nota 6, p. 81)

"A fim de destruir todas as forças coletivas, exceto as nossas, suprimeros as universidades, primeira etapa do coletivismo, e fundaremos outras com um novo espírito. Seus reitores e professores serão preparados secretamente para a tarefa por meio de programas de ação secretos e minuciosos, dos quais se não poderão afastar uma linha. Serão nomeados com uma prudência muito especial e serão inteiramente dependentes do governo*. (p. 129)
* Vimos no Brasil, como exemplo, a Universidade do Distrito Federal, fundada para fins dissolventes e judaicos. Seus mentores e professores foram preparados judaicamente no estrangeiro a fim de imporem à mocidade carioca a orientação que lhes traçaram seus mestres. O fenômeno se tem repetido por toda a parte. Em S. Paulo, o judeu Roberto Simonsen, magnata dos grandes negócios de café, inaugura e orienta a escola Livre de Sociologia e Política, onde vai instilando o sutil e perfumado veneno de suas teorias. Ver *Diário de S. Paulo*, 15 de abril de 1936." (*Comentário de Gustavo Barroso*, nota 1, p. 129)

Protocolos dos Sábios de Sião. Texto completo e apostilado por Gustavo Barroso, 1ª reed. Porto Alegre, Revisão, 1989.

6. O mito da conspiração judaico-maçon e judaico-comunista

"Quando falo em cinema norte-americano, não quero, em hypothese alguma, atacar o grande paiz, que é um dos mais cultos e poderosos do mundo. Refiro-me aos magnatas do cinema. Porque o cinema norte-americano está entregue nas mãos do judaísmo dissolvente. É por isso que Hollywood é a capital da mentira, do embuste, do escândalo e da ruína. É por isso que as películas têm a preocupação constante, pertinaz e firme da desaggregação do lar, da pátria e da família.

Hollywood é uma cidade internacionalista, onde vivem em commum seres de varias nacionalidade, despersonalizados pelo egoísmo de ganhar e de vencer. E lá, na confusão de glórias e derrotas, o espírito judaico predomina, ameaçando o mundo com suas concepções terroristas e dissolutas..." (p. 22).

(...) O velho judeu, revoltado contra a situação política do mundo que vae levando de roldão seus antigos processos de domínio da propriedade alheia, por meio de trusts e sociedades anonymas, transpôe para o celluloide todo o seu furor e vae fazendo propaganda semítica por meio do cinema, com seus filmes de escândalo... (p. 26).

(...) Os judeus do cinema transplantaram para aqui o domínio que exercem na imprensa dos Estados Unidos... As secções cinematographicas de nossos jornaes são, pois, todas ellas, escriptas pelos departamentos de publicidade, onde se fabricam todas as mentiras.

Quem duvidar disso que leia no mesmo dia três ou quatro jornaes, todos se fôr possível, e verá as mesmas notícias, com as mesmas palavras... Esta situação é deprimente para a nossa imprensa e revela que não somos de todos livres do capitalismo judaico (p. 42).

VIVENDO num ambiente onde se chocam todos os vícios, onde o egoísmo predomina e onde as raças se entrechocam numa promiscuidade flagrante, quasi todos os astros da téla são communistas.

(...) E não só os pequenos são communistas. Os astros de maior evidência, os que gosam a vida nabalescamente nos palacetes luxuosos, despersonalizados, deshumanizados, adoptam também o crédo moscovita" (p.60).

Gouvêa, Oswaldo. *Os Judeus do Cinema*. Rio de Janeiro, Graphica São Jorge, 1935.

"Este país [EUA], Getúlio, está quase dominado por esta nova maçonaria de fundo liberal, mas realmente, ao serviço dos ideais extremistas. À sombra do New Deal estamos vivendo na ante-sala do comunismo nos Estados Unidos.

Creio que é o judaísmo que criou e mantém êste ambiente, capaz de deslocar esta civilização para o abismo. As resistências materiais, dos interêsses criados, são aparentemente invencíveis. Mas, a verdade, Getúlio, é que a parte política, no que ela tem de básico, isto é cultural, está francamente imbuída de idéias extremamente socialísticas, quase marxistas. A filantropia americana, essa tendência para uma forma de caridade política e até internacional, se fôr dominada pelo espírito judaico, arrastará tôda esta civilização para um novo regime, similar ao russo."

Carta de Oswaldo Aranha, Embaixador do Brasil nos Estados Unidos para Getúlio Vargas. Washington, 19 maio 1937. AO 37.05.19 CPDOC/FGV.

7. A tese do enquistamento

"Raça inassimilável e egoísta. Ingrata, sem patriotismo é altamente prejudicial ao paiz que a abriga. Physicamente degenerada. Estupidamente intolerante em matéria religiosa considera inimiga o resto da humanidade. Os indivíduos não se adaptam a nenhum productivo. É raríssimo encontra-se um judeu agricultor ou operário e assim em caracter provisório. São comerciantes, usuários ou servem de intermediários para qualquer negócio. Vivendo exclusivamenhte da exploração do próximo é deshumano e sem escrúpulos. Procuram sempre as cidades onde se agglomeram em bairros immundos, sem hygiene, passando a maior parte do tempo, como todos os sedentários, em intermináveis discussões sobre themas religiosos ou comerciais. QUASE TODOS SÃO COMMUNISTAS OU SYMPATIZANTES DO CREDO VERMELHO".

Capitão Pedro M. da Rocha, Delegado Comercial em Varsóvia para Jorge Latour, Encarregado de Negócios do Brasil em Varsóvia. Varsóvia, 31 out 1936. MDB, Ofícios Recebidos, out. 1936-1937. AHI/RJ.

"Necessitamos, entretanto, de correntes imigratórias que venham lavrar o solo, ao mesmo tempo que se identifiquem com o ambiente brasileiro, não constituindo, jamais, elementos subversivos ou dissolventes e com tendências a gerar quistos raciais, verdadeiros corpos estranhos no organismo nacional, tal como acontece com os israelitas e os japoneses.

O israelita, por tendência milenar, é radicalmente avêsso à agricultura e não se identifica com outras raças e outros credos. Isolado, há ainda a possibilidade de vir a ser assimilado pelo meio que o recebe, tal como aconteceu, em geral, no Brasil, até a presente época. Em massa, constituiria, porém, iniludível perigo para a homogeneidade futura do Brasil".

Ofício de Oswaldo Aranha, Ministro das Relações Exteriores para Adhemar de Barros, Interventor Federal no Estado de São Paulo. Rio de Janeiro, 20 out. 1938. Maço 9601, Lata 612. AHI/RJ.

8. A máscara

"De Santos: Vapor italiano 'Sestrieri'
Trouxe a seu bordo judeus, os quais, na sua maioria desembarcaram no Rio de Janeiro e alguns em Santos. Tanto aqueles como estes vieram para S. Paulo com o auxílio da Organização Judaica *Joint*. Todos os seus passaportes estão com visto para a República do Paraguai, porém, a *Joint* continua com o seu 'trabalho' no sentido de que tais elementos fiquem no Brasil. Os vapores 'Eurice'- 'Philippa' e 'Andréa Gritti', também trouxeram judeus nas mesmas condições... Como de costume, durante a viagem fingiam-se eles de católicos, usando cruzes e santinhos em locais visíveis (tudo hipocrisia). Na cidade de Santos, muitos desses judeus se manifestaram (isso na intimidade), abertamente simpáticos à Rússia e ao seu credo, dando a impressão nítida de que se trata da preparação da 5ª coluna nas Américas, na qual tomam parte saliente os judeus. Esses indivíduos, quando se encontram em conversa com pessoas que não conhecem, 'bancam' os anticomunistas...

Nota do setor (Oto Guilherme): Este informante de há muito vem advertindo esta Especializada sobre o perigo da colônia judaica. Ele está apavorado com o progresso dessa gente, e diz não saber por que existe displicência das autoridades, não só do Brasil, como das Américas...".

Carta de delação (anônima) encaminhada a Polícia Política de São Paulo. Registrada por Oto Guilherme, Setor de Investigação, São Paulo, 04.11.47. Pront. nº 105.673 – Centro de Cultura e Progresso. AESP/SP.

"...o semita, por conveniência e interesse, adota, mantém, sustenta e defende qualquer nacionalidade ou religião, com tal que essa máscara sirva à consecução dos fins a que se propõe, sem perder, evidentemente, as características da raça, sem abdicar, no seu foro íntimo, de nenhuma das suas convicções, pronto, sempre, a despir-se e repudiar uma e outra nacionalidade e religião – na primeira oportunidade que lhe parecer propícia".

Memorandum de João Severiano da Fonseca Hermes, Chefe da Divisão de Passaportes do Itamaraty para Oswaldo Aranha, Ministro das Relações Exteriores. Rio de Janeiro, 10 mar. 1941. Maço 57.451. AHI/RJ.

9. A tese da infusibilidade

"É indiscutível que a imigração hebraica é por nós considerada indesejável, tanto assim que o Govêrno da República baixou uma circular proibindo-a, depois de um entendimento entre dois Ministérios e a Presidência da República. Aliás êsse critério do Govêrno brasileiro deve estar certo, porquanto, os Govêrnos de quasi todas as Repúblicas sul-americanas, na Conferência de Evian, deixaram bem evidenciado a repulsa pela imigração judaíca. A França, a Inglaterra e os Estados da América procuraram explorar o sentimentalismo piégas das nações latino-americanas a fim de encaminhar para os países sul-americanos os chamados judeus refugiados, especialmente, os austríacos e alemães porém, houve uma espécie de repulsa generalizada de parte dos Governos sul-americanos para receber êsses elementos considerados como subversivos e de desagregação social. A mim, me parece fóra de dúvida ser justa essa apreciação sôbre os judeus. No geral, são indivíduos sem sentimento de patriotismo, insassimiláveis por temperamento, sem escrúpulos, exercendo sua actividade no campo da especulação comercial, como simples intermediários e sem pendor algum para a agricultura. Deixar entrar judeus no Brasil seria criarmos um problema de ordem econômica, política e social. Não se póde tambem deixar de considerar que a intensificação da imigração judaica destruiria a nossa unidade étnica e religiosa e estabeleceria a divisão do nosso país em dois campos antagônicos o dos judeus e dos não judeus, não devendo se contar com a fusão dêsses dois elementos, porquanto, dificilmente o judeu se casa com mulher de outra raça".

Memorandum Secreto de Carlos Alves de Souza, do Ministério das Relações Exteriores para o Chefe dos Serviços Políticos. Rio de Janeiro, 20 ago. 1938. Lata 741, maço 10.561. AHI/RJ.

10. O que nos convém?

"O único imigrante que nos convém é o homem branco europeu.

O Prof. Artur Ramos, na semana da Saúde e da Raça, reunida nesta capital, diz em seu brilhante relatório – 'O negro sob o ponto de vista da raça e da saúde' – ...que desde longa data, se tem verificado a maior incidência de determinadas doenças no negro e no mestiço brasileiros, excluídas as já discutidas 'doenças africanas'. Nina Rodrigues, no seu tempo, já se preocupava em estudar o que ele chamava impropriamente 'a etnologia patológica' do nosso país, divulgando os dados da clínica Moura Brasil que verificou a grande frequência de glaucomatosos entre os negros e mulatos... e, ainda a maior porcentagem de leprosos, entre os negros e mulatos.

A tuberculose é um dos assuntos que mais têm chamado a atenção. De fato, não se pode negar a realidade estatística. Ela atinge preferencialmente negros e mestiços. Artur Ramos que é, aliás, um fervoroso defensor da raça negra e do mestiço, confessa lealmente ainda existir maior incidência da tuberculose na Bahia, entre pardos e negros em todos os dados verificados. Ramos é de parecer que a causa de tão grande morbilidade e mortalidade não se explica pela raça, mas devido a fatôres econômicos-sociais visto como pretos e mulatos tiveram, em tôda época, entre nós, padrão de vida mais baixo.

'Não parece, diz Arthur Ramos, haver uma patologia de raças. Há uma patologia dos grupos humanos, ligada a desiguais condições de higiene coletiva'.

Não comungamos da mesma maneira de ver com o ilustre colega. Padrão de vida baixa, senão mesmo miserável, têm os brancos das zonas urbanas, suburbanas e rurais de condição humilde, êsses que frequentam os nossos hospitais.

Essa população branca é sem dúvida alguma maior do que a preta ou do mestiço e quem moureja pelos hospitais verificará que a raça preta ou mestiça, sendo menor é sempre a mais numerosa pelos leitos dos hospitais atacados das moléstias as mais variadas ...Temos como acertada e indispensável a escolha do homem branco para nosso imigrante e só o branco.

O negro, o mestiço como o asiático devem ser regeitados."

Poggi, Jaime. "Política Imigratória: O Papel do Médico na Realização do Magno Problema", in *Revista de Imigração e Colonização*. Rio de Janeiro, Ano VII (2), jun, 1946, pp. 172-173.

11. Os desejáveis

"A entrada de imigrantes no Brasil regulada pelo Decreto-Lei nº 7.967 de 18 de setembro de 1945 continua adstrita ao regime de quotas, que permite distribuir conscientemente os contingentes indispensáveis ao nosso caldeamento racial pelo critério da utilidade e adaptação à vida social, selecionando homens válidos e laboriosos e repudiando os elementos moral e fisicamente indesejáveis...

Compreende-se, assim, o direito dos Estados de selecionar os elementos imigratórios mais favoráveis à sua configuração étnica e de recusar a certas raças e indivíduos o direito de entrar no país...".

Marinho, Ilmar Penna. "Fundamento e Base da Nacionalidade", in *Revista de Imigração e Colonização*. Rio de Janeiro, Ano VII, nº 3, set., 1946, p. 160.

12. Displaced persons: **os desajustados**

"...pelas informações já colhidas, há entre eles elementos perturbadores do equilíbrio social; há 'desajustados do trabalho!', gente que perdeu o hábito de labutar; há 'os doentes mentais ou d'alma', aparentemente sãos, mas minados pelas nevroses de guerra, pelos estados psíquicos da 'angústia humana' de que tanto nos fala Maurice de Fleury e a cujas funestas consequências não poderiam furtar os homens envolvidos no furor dos mais terríveis dramas íntimos que esta Guerra deve ter proporcionado; há os judeus que se acham obcecados pelos problemas da Palestina e cujo valor econômico-social é de forma a não se recomendarem à nossa corrente imigratória (não se trata do odioso preconceito racial dos nazistas mas da defesa dos nossos interesses econômicos, conceito admitido e defendido no Congresso de Montreal pelas nações anglo-saxônicas em relação a asiáticos e mestiços)."

Geraldo de Menezes Côrtes. "A Imigração", in *Revista de Imigração e Colonização*. Rio de Janeiro, Ano VIII, mar. 1947, nº 1, p. 6.

13. Erros do passado

"Devemos antes de tudo evitar os erros do passado. O problema é de extraordinária importância para a evolução do povo brasileiro e para a continuidade de patrimônio histórico e cultural que constitui o fundamento da nacionalidade. Não basta encher o país de imigrantes; torna-se necessário que o fenômeno se processe de acôrdo com os interesses regionais, e que a gente trazida de outras terras se adapte realmente ao nosso meio.

...O indivíduo é produto do meio; os japoneses, por exemplo, não nos convêm pelo fato de serem uma civilização contrária à nossa. Devemos importar culturas e não raças... Não sou em absoluto anti-semita, considero no entanto prejudicial a imigração judaica. É que o israelita não se funde a outras raças, conserva-se antes isolado e faz vida inteiramente à parte. Ora, isto não traz proveito algum para nós, brasileiros, que precisamos justamente de homogeneidade. Se, pelo contrário, os judeus aqui viessem e se aproximassem, fundissem com o brasileiro, só poderíamos facilitar a imigração...".

Entrevista do Prof. Castro Barreto ao jornal *O Globo*, 8 de agosto 1945, in *Livros e Revistas*: *Revista de Imigração e Colonização*. Rio de Janeiro, Ano VI (4), dez., 1945, p. 462.

Querelas da Questão

Raras são as obras publicadas sobre o anti-semitismo no Brasil que, até a década de 1970, se apresentou como um tema secundário para a historiografia brasileira, apesar de alguns estudos pioneiros sobre os cristãos-novos no Brasil Colônia. A intolerância contra os judeus emergia como um tema tangencial nos estudos dedicados a analisar os mecanismos de repressão articulados pelos visitadores do Santo Ofício no Brasil, a presença e a contribuição dos cristãos-novos à sociedade luso-brasileira. Nessa direção, ocuparam espaço os trabalhos pioneiros de Arnold Wiznitzer, *Os Judeus no Brasil Colonial* (1960), de José Gonçalves Salvador, *Os Cristãos-novos, Jesuítas e Inquisição (1968)* e Elias Lipiner, *Os Judaizantes nas Capitanias de Cima* (1969)[1].

Um dos primeiros estudos a avaliar, de forma aprofundada e sistemática, a questão da pureza de sangue no Brasil como expressão do anti-semitismo tradicional, é de autoria de Russell-Wood que, em 1968, publicou *Fidalgos na Philanthropits – the*

---

1. Todas as obras referidas nesta parte encontram-se devidamente citadas na bibliografia final.

Santa Casa da Misericórdia of Bahia (1550-1755). Anos mais tarde, em 1976, José Gonçalves Salvador, abriu um capítulo especial em *Os Cristãos-novos: Povoamento e Conquista do Solo Brasileiro (1530-1680)* para tratar dos estatutos de pureza sanguínea nas capitanias do sul do Brasil, importante ponto de partida para a pesquisa desenvolvida por esta autora nos anos 80, sob o título *O Preconceito Racial em Portugal e Brasil Colônia*. Este estudo tinha como proposta sistematizar as diferentes formas de manifestação do anti-semitismo tradicional, de fundamentação teológica, que dividia a sociedade colonial brasileira em dois grupos distintos: os cristãos-velhos, limpos de sangue, e os cristãos-novos, membros de uma raça infecta de sangue.

Uma obra que inovou o tema dos cristãos-novos e que hoje é fundamental para avaliarmos o processo de construção da imagem estigmatizada dos judeus no Brasil intitula-se *Diabolização dos Judeus: Martírio e Presença dos Sefardins no Brasil Colonial*, de Nelson Omegna. Este estudo fecha com as propostas teóricas formuladas por: Joshua Trachtenberg, em *El Diablo y los Judios*, Norman Cohn, em *El Mito de la Conspiração Judia Mundial*, e Raoul Giradet, *Mitos e Mitologias Políticas*, possibilitando-nos recuperar, ao longo da história do anti-semitismo no Brasil, o mito do judeu errante, do povo deicida e do Anti-cristo.

Somente na década de 80 é que começaram a ser publicados estudos específicos sobre a Inquisição e o mito da pureza de sangue, tendo como objeto de análise o preconceito aos cristãos-novos radicados no Brasil desde o século XVI. A historiadora Anita Novinsky, introdutora dos estudos inquisitoriais na Universidade de São Paulo, abriu uma nova linha de pesquisa dedicada a investigar as manifestações do anti-semitismo tradicional durante o período colonial. Dentre esses estudos cabe mencionar, além dos trabalhos pioneiros de Novinsky – dentre os quais o pioneiro *Cristãos-novos na Bahia* (1972) –, as obras de Maria Luiza Tucci Carneiro, *O Preconceito Racial em Portugal e Brasil Colônia* (1983), de Maria Liberman, *O Levante do Maranhão: Judeu Cabeça de Motim: Manoel Beckman* (1983) e de Rachel Mizhari Bromberg, *A Inquisição no Brasil: um capitao-mor judaizante* (1984). Estas três dissertações de mestrado, antes mesmo de serem publicadas, se prestaram como referência para o romance histórico *A Estranha Nação de Rafael Mendes*, de Moacyr Scliar (1983). Nesta mesma equipe de pesquisadores insere-se a pesquisa de Lina Gorenstein Ferreira da Silva, *Heréticos e Impuros: A Inquisição e os cristãos-novos no Rio de Janeiro, século XVIII* (1995). Pesquisas complementares a estas continuam a ser produzidas sob a orientação de Novinsky que, em nível de pós-graduação, desenvolve estudos sobre o racismo e o anti-semitismo praticado por instituições de cunho totalitário.

Quanto ao tema do anti-semitismo moderno no Brasil, este continua polêmico, principalmente quando os estudos se concentram no período estadonovista (1937-1945). As pesquisas ainda são insuficientes para desativar mitos arraigados na mentalidade coletiva alimentada por versões produzidas pela história oficial. Renomados historiadores negam (ou omitem) o anti-semitismo político simplesmente por desconhecerem a documentação específica, ainda inédita no Arquivo Histórico do Itamaraty, Arquivo Nacional do Rio de Janeiro e Fundos DOPS/DEOPS. O fato destes acervos não possuírem um fundo específico nomeado como "judeus" ou "anti-semitismo" não quer dizer que há ausência de registros. Classificados pelas autoridades oficiais como "secretos e confidenciais", os documentos referentes à questão judaica encontram-se acobertados por composições cifradas. Cabe ao pesquisador investir nesta trama cruzando informações dispersas sobre imigração, política internacional, associações comunitárias, repressão policial, censura e geopolítica do controle.

Durante mais de cinquenta anos a comunidade judaica – e especialmente aqueles que se refugiaram no Brasil entre 1930-1940 – manteve-se silenciosa sobre a questão. Nessa época, milhares de cidadãos das mais variadas nacionalidades se viram obrigados a ingressar no país munidos de falso visto de católico e, até mesmo, entrando clandestinamente pelas fronteiras com o Paraguai, Uruguai e Argentina. Raros são os memorialistas judeus que registraram suas experiências de vida truncadas pelas circulares secretas impostas pelo governo de Getúlio Vargas. Silenciar, por medo ou insegurança, foi uma forma de autodefesa, se consideradas as circunstâncias em que muitos ingressaram no Brasil.

Sabia-se das circulares secretas mas preferia-se não comentar: o tema entrava em conflito com as homenagens até então prestadas ao brasileiro Oswaldo Aranha que, enquanto presidente da II Assembléia Geral da ONU em 1947, havia dado o voto decisivo para a Partilha da Palestina. No ano seguinte seria criado o Estado de Israel. A história oficial encarregou-se de alimentar esta imagem positiva de Aranha que, durante anos, esteve protegida pela legislação brasileira sobre o direito de acesso a informação.

Somente na década de 80 é que os historiadores brasileiros e brasilianistas começaram a investigar o tema do anti-semitismo moderno e, assim mesmo, com grandes dificuldades de acesso à documentação. A real abertura dos arquivos diplomáticos e policiais só veio a ocorrer após 1994, possibilitando a realização de inventários sistemáticos da documentação oficial e de projetos específicos sobre a questão judaica. As primeiras referências historiográficas sobre a prática de um anti-semitismo político durante o governo Vargas foram realizadas – sem se aprofundar no tema das circulares secretas (ainda secretas) – por Robert Levine (1980), Julio Chiavenato (1985) e Fernando Morais (1985). Essas ingerências, com exceção do trabalho de J. Chiavenato – *O Inimigo Eleito: Os Judeus, Poder e Anti-semitismo* – não tinham como objeto de estudo o anti-judaísmo enquanto fenômeno moderno e sim a prática autoritária do Estado varguista.

Nesse mesmo ano de 1985, a denúncia registrada por Nachman Falbel sobre as circulares secretas caiu no vazio, ofuscada pela versão comprometida da biografia elaborada por Moisés Eiserick sobre Oswaldo Aranha, obra encomendada pela Federação Israelita de São Paulo. A mesma parcialidade comprometeu o verbete "Oswaldo Aranha", publicado no *Dicionário Histórico-Biográfico Brasileiro*, organizado pelo CPDOC/FGV (1985), cujo acervo conta com documentos anti-semitas expressivos do período em que Aranha foi Embaixador do Brasil nos Estados Unidos e Ministro das Relações Exteriores de Estado junto ao Itamaraty (1935-1944). Relações de amizade e versões oficiais da História falaram mais alto em ambos os casos.

A quebra parcial do silêncio – ainda asfixiado pelas leis de acesso a documentação – só ocorreu em 1988 com a publicação de *O Anti-semitismo na Era Vargas*, de minha autoria. Protestos esperados vieram de fontes comprometidas com o autoritarismo do governo Vargas: das famílias de Oswaldo Aranha e Filinto Müller. A polêmica estava instaurada, facilitada pelo processo de abertura democrática que, na década de 90, rompeu o verniz que protegia a casa dos "guardiães da memória". Novas pesquisas fortaleceram a versão de que o anti-semitismo prestou-se como instrumento político para o governo Vargas e como elemento do ideário de grupos de extrema-direita (católicos e integralistas, em especial). Dentre esses estudos, cumpre citar aqueles desenvolvidos por Marcos Chor Maio (1992), Roney Cytrynowicz (1992), Avraham Milgram (1994), Jeffrey Lesser (1995), Silvia Cortez Silva (1996), Maria das Graças Ataide de Almeida (1997), Antonio Roberto Guglielmo (1998), Ariella Pardo Segre (2000) e Fábio Koifman (2001).

Os resíduos da questão – querelas da interpretação – pairam sobre a porcentagem daqueles judeus que conseguiram visto de entrada no Brasil rompendo com as regras impostas pelas circulares secretas. Esses números são interpretados por Jeffrey Lesser como sintomas de um possível filosemitismo de Aranha e índice indicativo de que o discurso anti-semita não foi totalmente assimilado pelo governo Vargas. Comprometem esta versão: a ausência de dados sobre os milhares de vistos indeferidos aos refugiados judeus, contrapostos às estratégias empregadas pelas organizações judaicas para conseguir burlar as circulares secretas, assim como a desconsideração pelos favoritismos e corrupção que sempre permearam a burocracia brasileira. Registros diplomáticos e testemunhos vivos da prática anti-semita atestam que, se houve filosemitismo, este não veio por parte dos homens ligados diretamente a Getúlio Vargas. Omissão e inadimplência para com os direitos das minorias nos levam a questionar versões comprometidas com a História oficial que, ao longo do século XX, se prestaram para preservar mitos e alimentar tabus.

Fontes

Diplomacia e anti-semitismo

A *Questão Racial na Itália*, por Jorge Latour, Segundo Secretário da Embaixada do Brasil na Itália. Roma, ago. 1938, 2º, 18 pp. Anexo ao Ofício reservado de Ad. Guerra-Durval, da Embaixada do Brasil na Itália para Oswaldo Aranha, Ministro das Relações Exteriores. Roma, 27 nov. 1938, 40.16 (96). AHI/RJ.
Estudos sobre a Emigração Israelita da Polônia para o Brasil: Considerações Inactuaes e Observações Actuaes a Propósito deste Mal, por Jorge Latour, 1936, 48 pp. Anexo ao Ofício de Jorge Latour para José Carlos de Macedo Soares, Ministro das Relações Exteriores. Varsóvia, 9 nov. 1938. Ofícios Recebidos, out. 1936-1937. AHI/RJ.
Estudo sobre a Falada questão judaica, Objetivando demonstrar que as dolorosas e constantes perseguições aos semitas em todo o mundo são uma consequência de seu próprio modo de viver e pensar, encaminhado por Benjamin Couto da Silva ao Presidente da República, São Paulo, 2 ago, 1939 Série Documentos Terceiros da Presidência da República, Lata 741, Maço 10.561, AHI/RJ.
Indústria de Judeus, de H. Pinheiro de Vasconcelos, Cônsul Geral do Brasil em Londres para Oswaldo Aranha, Ministro das Relações Exteriores. Londres, 5 jul. 1940. Lata 741, Maço 10.561. AHI/RJ.

O Vaticano e os Judeus. Memorandum de J. S. Fonseca Hermes para Oswaldo Aranha. Rio de Janeiro, 10 mar. 1941. Maço 5.745. AHI/RJ.

Memorial relativo à questão dos estrangeiros no Brasil, especialmente no que se refere à entrada de judeus em território nacional, encaminhado por Filinto Müller, Chefe de Polícia Federal à Francisco Campos, Ministro da Justiça e Negócios Interiores. Rio de Janeiro, 5 fev. 1938, 30 pp. Lata 741, Maço 10.561. AHI/RJ.

Intelectuais, racismo e anti-semitismo

FREYRE, Gilberto. *Sobrados e Mucambos*. 6ª ed., vol. 1. Rio de Janeiro, José Olympio, 1981.

Casa Grande & Senzala: Formação da Família Brasileira sob o Regime da Economia Patriarcal. 21ª ed. Rio de Janeiro, José Olympio, 1981.

VIANNA, Oliveira. "Os Imigrantes Semíticos e Mongóis e sua Caracterização Antropológica". *Revista de Imigração e Colonização*, Ano I (34), out. 1940, pp. 600-616.

VAMPRÉ, Augusto. *A Vingança do Judeu*, 1943. Peça teatral inspirada na obra psicográfica de John Wilmot Rochester, por Wera Krijanowsky, 1ª ed. São Paulo, Federação Espírita Brasileira e Livraria e Editora Garnier, 1903.

O judeu errante na literatura e teatro brasileiros

MACHADO DE ASSIS. "Viver", in *Obras Completas. Várias Histórias*. Rio de Janeiro/São Paulo, W. M. Jackson Inc. Editores, 1959, pp. 253-266.

PEREIRA, Manoel Apolinário. *A Vida do Judeu Errante*. Cordel editado pela Folheteria Luzeiro do Norte do grande poeta João José Silva, s/d., 32 pp. Coleção Ruth Brito Lemos Terra, IEB/USP.

PACHECO, José. *Os Sofrimentos de Cristo*. Recife, s/d. IEB/USP.

SUÈ, Eugène. *Le Juif Errant*, edição ilustrada por Giovani, 4 vols. Paris, Paulin, 1945.

_____. *O Judeu Errante*, 3 vols. São Paulo, Editorial Paulista, s/d.

QORPO SANTO, "Relações Naturais", Comédia em quatro atos, in *Teatro Completo: Qorpo Santo*. São Paulo, Iluminuras, 2001, pp. 161-180.

ROCHESTER, J. W. *A Vingança do Judeu*. Romance psicografado pela médium Wera Krijanowski. 1ª ed. em português. Rio de Janeiro, Garnier, Federação Espírita Brasileira, 1903.

Matrizes francesas anti-semitas

BERTRAND, I. *La Franc-Maçonnerie Secte Juive*. Paris, Blound, 1903.
BLOY, León. *Le Salut par les Juifs*. Paris, Librairie Adrien Dersay, 1892.
DRUMONT, Édouard. *La France Juive*. Novelle Édition. Paris, Flammarion Éditeur, 1938 (1ª ed. 1912).
_____. *Le Testament d'un Antisémite*. Paris, E. Dentu, Éditeur, 1891.
LAZARE, Bernard. *L'Antisémitisme son Histoire et ses causes*. Edition Definitive. Étude D'Andre Fontainas. Tome Premier e Deuxiéme. Paris, Éditions Jean Cres, MCMXXXIV.
PONCINS, León de. *Sociétes des Nations super-état Maçonnique*. Paris, Gabriel Beauchesne et as fils, MCMXXXVI.

Anti-semitismo, integralismo e o mito da conspiração judaico-comunista

ALBUQUERQUE, Arci Tenório d'. *A Allemanha Grandiosa: Impressões de Viagem ao Paiz do Nazismo*. Rio de Janeiro, Minerva, s/d.
_____. *Integralismo, Nazismo e Fascismo. Estudos Comparativos*. Rio de Janeiro, Editora Minerva, 1937.
_____. *A Grã-Bretanha a Serviço dos Judeus*, 1941.
BARROSO, Gustavo. *A Sinagoga Paulista*. Rio de Janeiro, ABC, 1937.
_____. *Coração de Menino*. Rio de Janeiro, Getulio M. Costa Editor, 1939.
_____. *Liceu do Ceará*. Rio de Janeiro, Getúlio M. Costa Editora, 1940.
_____. *O Quarto Império*. Rio de Janeiro, José Olympio, 1935.
_____. *O Integralismo e o Mundo*. Rio de Janeiro, José Olympio, 1936.
_____. *O Quarto Império*. Rio de Janeiro, José Olympio, 1935.
_____. *Judaísmo, Maçonaria e Comunismo*. Rio de Janeiro, Civilização Brasileira, 1937.
_____. *Roosevelt es judio*. Buenos Aires, La Mazorca, 1938.
GOUVÊA, Oswaldo. *Os Judeus do Cinema*. Rio de Janeiro, Graphica São Jorge, 1935.

Anti-semitismo e maçonaria

ALMEIDA, Bartholomeu de. "A Maçonaria no Brasil", in Revista *A Ordem*, mar. 1933, pp. 236-241.
CAMPOS, Ruy Barbosa de. "A Questão Social", in Revista *A Ordem*, jan.-jun. 1934, pp. 26-40.
BARROSO, Gustavo. *Judaísmo, Maçonaria e Comunismo*. Rio de Janeiro, Civilização Brasileira, 1937.
BERTRAND, I. *A Maçonaria Seita Judaica: Suas Origens, Sagacidade e Finalidades Anti-Cristãs*, tradução de Gustavo Barroso. São Paulo, Minerva, 1938.

Nazismo e anti-semitismo

"O combate à saúva", por Joaquim Ferraz do Amaral, Chefe do Serviço Científico de Epifitias. Instituto Biológico de São Paulo, s/d. *Pront. nº 5.405, Nazismo* (vol. 1). DEOPS/SP.

"Cartas de E. Arnold para Kieling & Cª Bremen". São Paulo, 29 de outubro de 1940. *Pront. nº 36.691, Redes de Espionagem no Rio Grande do Sul*. (Traduzidas do alemão por intérprete Oficial da Repartição Central da Polícia, 10 mar. 1942). DEOPS/SP.

CHANDAN, S. *Guerra aos Judeus pela Paz Mundial*, trad. N. Anisio Lima Canto. Coimbra, Edições Palácio, s/d.

Anti-semitismo e catolicismo

"O Bolchevismo batalhando contra o Cristianismo" (autor desconhecido), in *Mensageiro da Paz*. Rio de Janeiro, 2ª quinzena de 1935, n. 4. *Pront. nº 465, de Samuel Hedlund*. DEOPS/SP.

BOMILCAR, Álvaro. *A Política no Brazil ou o Nacionalismo Radical*. Rio de Janeiro, Leite, Ribeiro e Maurillo, 1920.

_____. *O Preconceito de Raça no Brasil*. Rio de Janeiro, Aurora, 1916.

CABRAL, Pe. João Passos. *A Questão Judaica*, com introdução de Gustavo Barroso. Porto Alegre, Livraria Globo, 1937.

ELAMARE, Alcibíades. *As Duas Bandeiras: Catholicismo e Brazilidade (Discursos e* Conferências*)*. Rio de Janeiro, Centro D. Vidal, 1924.

FÉRENZY, Oscar de. *Os Judeus e Nós os Christãos*, trad. Godofredo Rangel, Prefaciado pelo Revmo. Pe T. R. P. Devaux, São Paulo, Companhia Editora Nacional, 1939.

FIGUEIREDO, Jackson de. *A Questão Social na Philosophia de Farias Brito*. Rio de Janeiro, Revista dos Tribunais, 1940.

LOPES, Pe. Osório. "A Inquisição e os Judeus", in Revista *A Ordem*, jan.-fev., 1930, pp. 12-16.

_____. "Judaísmo e Antijudaísmo na Alemanha", in Revista *A Ordem*, maio 1932, pp. 413-414.

_____. "A Physionomia de um Povo", in Revista *A Ordem*, jul., 1931, pp. 49-51.

OLIVEIRA, Plínio Correa de. "O Verdadeiro Perigo Comunista", in Revista *A Ordem*, n. 103-104, jul.-ago., 1933, pp. 555-566.

_____. "A.U.C. de São Paulo: Os Horrores da Inquisição", in Revista *A Ordem*, jul.-ago., 1930, pp. 83-87.

_____. "A Igreja e o Judaísmo", in Revista *A Ordem*, jan., 1931, pp. 42-52.

Revista Vozes de Petrópolis: Jumireita, "Agência Telegráfica Internacional Católica", jan.-jun., pp. 843-846; Pedro Sinzig, "O Púlpito Moderno", jan.-jul., 1912, pp. 14-17; Pedro Lins, "Toque de Fogo"

Lágrimas de Sangue!, jan.-jun., pp. 579-584; Viveiros de Castro, "A Questão Social: o Socialismo, o Judaísmo e o Catolicismo", pp. 172-174; Muckermann, "Os Bolchevistas em Vilna até o Assalto à Igreja de São Casimiro", 16 ago. 1920, pp. 975; Soares de Azevedo, "O Perigo Judeu", 1 nov. 1920, pp. 1313-1315.

Rossi, Frei Agnelo Rossi. "O Problema Judaico, de Osório Lopes", in *Revista Eclesiástica Brasileira – REB*, vol.2, 2 (jun., 1942), 289-295.

Discurso filosemita

Andrade, Oswald de. *O Homem e o Cavalo*, 1934.

Carvalho, Maria Amalia Vaz de. "O Semitismo e o Anti-semitismo na Actualidade", in *Jornal do Commércio* (nº 93). Rio de Janeiro, 3 abril 1898, p. 1. RoloC-PR-SPR 1 (216). BN/RJ.

Guéren, Daniel. *Hitler: Defesa ou Invasão da Europa...?*. Edições Palácio, s/d..

Izecksohn, Isaac. *O Anti-semitismo: Uma Alergia Social*. São Paulo, Tipografia e Papelaria Formosa, 1954.

Levisky, Fernando. *Espectros da Intolerância*. São Paulo, Publicações Brasil, 1944.

Lima, Marcio Campos. *Os Judeus na Allemanha no Momento Atual*. Rio de Janeiro, Flores & Mano, 1933.

Machado de Assis. "A Cristã-Nova", in *Obras Completas*, vol. III, (completar. Ver citação no livro da A. Novinsky)

_____. "Viver!", in *Obras Completas de Machado de Assis: Várias Histórias*. Rio de Janeiro/São Paulo, W. M. Jackson, Inc. Editores, 1959, pp. 253-266.

Magalhães Júnior, Raimundo. *Um Judeu*, 1939.

Moura, Maria Lacerda de. "Antissimitismo", Panfleto convidando para conferência a ser proferida no Salão Celso Garcia. São Paulo, s/d. *Pront. nº 857, Maria Lacerda de Moura*. DEOPS/AESP.

Pereira, Baptista. *O Brasil e o Anti-semitismo*. Rio de Janeiro, Imprensa Nacional, 1945 (Separata das publicações da Casa Rui Barbosa).

Schulman, Bernardo. *Em Legítima Defesa: a Voz de um Judeu Brasileiro*. Curitiba, 3ª ed. 1938 (1ª ed. 1937).

Imprensa, sionismo e anti-semitismo

"Os 'terroristas' judeus e seus juízes", In *Aonde Vamos?*. Rio de Janeiro (Ano VII), n. 221, 7 ago. 1947, pp. 1, 25. Arquivo Sionista, Israel.

"Samuel Malamud nomeado Consul Honorário de Israel no Brasil", in *A Voz Sionista* (n. 14), 5 maio 1949, p. 28. Arquivo Sionista, Israel.

Jornal do Brasil, 1.06.1967, 6.06.1967, 1.07.1967. BN/RJ.

Polêmica: SADER, Emir. "Dois pesos e duas medidas", in *Opinião, Folha de S. Paulo*, 4.01.2001, p. 3; BERGER, Natan (FIESP), BERGMANN, Edda M. (B'nai B'rith) e KÖVESI, Pedro (B'nai B'rith), "Para acabar com a guerra na Palestina 2", in *Opinião, Folha de S. Paulo*, 8.01.2001, p. A3.

WOLTHERS, Gabriela. "Os guetos de Sharon", in Opinião. *Folha de S. Paulo*, 1.02.2002, p. A2.

Bibliografia

Reflexões sobre anti-semitismo, totalitarismo e autoritarismo

ARENDT, Hannah. *Anti-semitismo, Instrumento de Poder: Uma Análise Dialética*, trad. Roberto Raposo. Rio de Janeiro, Documentário, 1975.
BOURDIEU, Pierre. *Ce Que Parler Veut Dire*. Paris, Fayard, 1982.
CARNEIRO, Maria Luiza Tucci. "Força, Medo, Liberdade... Algumas Coisas que não Combinam entre si", in CARNEIRO, Maria Luiza Tucci (org.). *Minorias Silenciadas: História da Censura no Brasil*. São Paulo, Edusp/Fapesp, 2001.
_____. *O Anti-semitismo na Era Vargas: Fantasmas de uma Geração*, 3ª ed. São Paulo, Perspectiva, 2001 (Coleção Debates).
LERNER, Julio, (org.). *Cidadania Verso & Reverso*. São Paulo, Secretaria da Justiça e Defesa da Cidadania, 1999, pp. 55-80.
NOVINSKY, Anita. *Reflexões sobre o anti-semitismo (Portugal séculos XVI-XX)*. Lisboa, Universitária, 1991.
_____. "O Racismo e a Questão Judaica", in SCHWARCZ, Lilia Moritz e PAIVA, Vera Lúcia Menezes Oliveira (org.). *Metáforas do Cotidiano*. Belo Horizonte, UFMG, 1998.
POLIAVOK, Leon. *O Mito Ariano*, trad. Luiz João Gaio. São Paulo, Perspectiva, 1974.

QUEIROZ, Renato da Silva (org.). *Raça e Diversidade*. São Paulo, Edusp; Estação Ciência, 1996.

Intelectuais e anti-semitismo

AGUIAR, Cláudio Almeida. *Meios de Comunicação Católicos na Construção de uma Ordem Autoritária: 1907-1937*. Tese de Doutorado em História Social. Departamento de História, FFLCH-USP, 2002.
ARAUJO, Roberto Benzaquem de. *Os Mercadores do Mal: Os Judeus na Obra de Gustavo Barroso*. Rio de Janeiro, CPDOC/FGV, maio 1979 (impresso).
SILVA, Silvia Cortez. *Nos Tempos de Casa Grande*. Tese de Doutorado em História Social apresentada junto a FFLCH-USP, 1996.

Catolicismo, nacionalismo e anti-semitismo

ARTIGAS, D. *El Opus en España: Su evolución ideológica y política, tomo I: 1928-1957*. Paris, Ruedo Ibérico, 1968.
BEN DROR, Graciela. "Las elites catolicas del Brasil y su actitud hacia los judios (1933-1939)", in CARNEIRO, Maria Luiza Tucci (org.). *O Anti-semitismo nas Américas: História e Memória*. Coletânea de artigos (no prelo).
DIAS, Romualdo. *Imagens de Ordem: A Doutrina Católica sobre Autoridade no Brasil (1922-1933)*. São Paulo, Unesp, 1996.
FARIAS, Damião. *Em Defesa da Ordem: Aspectos da Práxis Conservadora Católica no Meio Operário em São Paulo (1930-1945)*. São Paulo, Hucitec; História Social, USP, 1998.
INFANTE, J. *La prodigiosa aventura del Opus Dei*. Paris, de Ruedo Ibérico, 1970.
Instituto Pastoral da Juventude, História da Igreja desde as Primeiras Comunidades. Porto Alegre, ED. CCJ, 1995, pp. 83, 84.
ISAAC, Jules. *Las raíces cristianas del anti-semitismo: La enseñanza del desprecio*. Buenos Aires, Paidos, 1966.
MOURA, Odilão. *As Idéias Católicas no Brasil: Direções do Pensamento Católico do Brasil no Século XX*. São Paulo, Convívio, 1978, pp. 23, 25, 52.

Integralismo, nazismo e anti-semitismo

CARNEIRO, Maria Luiza Tucci. "Resenha do livro, *Nem Rothschild nem Trotsky...*", de Marcos Chor Maio, in *Herança Judaica*, nº 129-131, ago.-dez. 1994, pp. 271-321.
CYTRYNOWICZ, Roney. "A América e o Anti-semitismo na Visão Integralista de Gustavo Barroso e de Plínio Salgado", in NOVINSKY,

Anita & KAUFMAN, Diane (orgs.). *Ibéria Judaica: Roteiros da Memória*. São Paulo/Rio de Janeiro, Edusp/Expressão e Cultura, 1996, pp. 515-529.

CHAUI, Marilena. "O Imaginário Integralista", in *Ideologia e Mobilização Popular*. Rio de Janeiro, Paz e Terra; Centro de Estudos de Cultura Contemporânea, 1978, pp. 31-149.

GERTZ, René. *O Fascismo no Sul do Brasil: Germanismo, Nazismo, Integralismo*. Porto Alegre, Mercado Aberto, 1987.

MAGALHÃES, Marionilde Brepohl de. *Pangermanismo e Nazismo: A Trajetória Alemã Rumo ao Brasil*. Campinas/São Paulo, Unicamp/Fapesp, 1998.

MAIO, Marcos Chor. *Nem Rotschild, nem Trotsky: O Pensamento Anti-semita de Gustavo Barroso*. Rio de Janeiro, Imago, 1992.

_____. "Marcas de uma Trajetória: A Militância Anti-semita de Gustavo Barroso", in NOVINSKY, Anita e KUPERMAN, Diane (orgs.). *Ibéria Judaica, Roteiros da Memória*. São Paulo/Rio de Janeiro, Edusp/Expressão e Cultura, 1996, pp. 527-539.

VASCONCELOS, Gilberto. *Ideologia Curupira*. São Paulo, Brasiliense, 1979.

Os judeus na cultura brasileira

ARAUJO, Alceu Maynard. *Cultura Popular Brasileira*. São Paulo, Melhoramentos; MEC, 1973.

CASCUDO, Luís da Câmara. *Mouros, Franceses e Judeus: Três Presenças no Brasil*. São Paulo, Perspectiva, 1984 (Coleção Debates).

LIMA, Rossini Tavares de. *Folclore das Festas Cíclicas*. Rio de Janeiro, Irmãos Vitale Editôres, 1971.

_____. "A Malhação do Judas em São Paulo", in *Revista do Arquivo*, nº 163, 1959.

_____. "Queima do Judas", in *Revista Brasileira de Folclore*, 12 933), pp. 171-176, maio-jun., 1972.

NOVINSKY, Anita. *O Olhar Judaico de Machado de Assis*. Rio de Janeiro, Expressão e Cultura, 1990.

PELLEGRINI FILHO, Américo. *Calendário e Documentário de Folclore Paulista*. São Paulo, Instituto Musical de São Paulo, 1975.

TOLEDO, Maria Augusta Toledo e GUINSBURG, J. "A Máscara do Judeu no Teatro Brasileiro", in SILVA, Armando Sérgio da (org.), GUINSBURG, J. *Diálogos sobre Teatro*. São Paulo, Edusp, 1992, pp. 35-56.

Inquisição, cristãos novos e o anti-semitismo tradicional

CARNEIRO, Maria Luiza Tucci. *Preconceito Racial em Portugal e Brasil Colônia*. 2ª ed. São Paulo, Brasiliense, 1994.

BROMBERG, Rachel Mizhari. *A Inquisição no Brasil: Um Capitão-mor Judaizante*. São Paulo, Centro de Estudos Judaicos/FFLCH-USP, 1984 (Coleção Judaica Brasil 1).

LIPINER, Elias. *Os Judaizantes nas Capitanias de Cima*. São Paulo, Brasiliense, 1969.

LIBERMAN, Maria. *O Levante do Maranhão: Judeu Cabeça de Motim: Manoel Beckman*. São Paulo, Centro de Estudos Judaicos/FFLCH, USP, 1983 (Coleção Judaica Brasil 2).

NOVINSKY, Anita. *Os Cristãos-novos na Bahia 1624-1654*. São Paulo, Perspectiva; Edusp, 1972.

RUSSELL-WOOD, A. J. R. *Fidalgos na Philanthropiys – The Santa Casa da Misericórdia of Bahia (1550-1755)*. University of California Press, 1968.

SALVADOR, José Gonçalves. *Cristãos-novos, Jesuitas e Inquisição*. São Paulo, Pioneira, 1973.

_____. *Os Cristãos-novos: Povoamento e Conquista do Solo Brasileiro (1530-1680)*. São Paulo, Pioneira; Edusp, 1976.

SILVA, Lina Gorenstein Ferreira da. *Heréticos e Impuros: A Inquisição e os Cristãos-novos no Rio de Janeiro, Século XVIII*. Rio de Janeiro, Secretaria Municipal de Cultura, Departamento de Documentação e Informação Cultural, Divisão de Editoração, 1995.

WIZNITZER, Arnold. *Os Judeus no Brasil Colonial*. São Paulo, Pioneira, Edusp, 1960.

Racismo e anti-semitismo no Brasil

BENCHIMOL, Samuel. "Judeus no Ciclo da Borracha", in LEWIN, Helena (org.). *Judaísmo-Memorias e Identidade*. Rio de Janeiro, UERJ, vol. 1, 1998, pp. 47-54.

CARNEIRO, Maria Luiza Tucci. *O Anti-semitismo na Era Vargas: Fantasmas de uma Geração*. 3ª ed. São Paulo, Perspectiva, 2001.

_____. *Brasil, um Refúgio nos Trópicos: A Trajetória dos Refugiados do Nazi-fascismo*. São Paulo, Estação Liberdade, 1997.

CHIAVENATO, José J. *O Inimigo Eleito: Os Judeus, Poder e Anti-semitismo*. Porto Alegre, Mercado Aberto, 1985.

LESSER, Jeffrey. *A Questão Judaica: Imigração, Diplomacia, Preconceito*. Rio de Janeiro, Imago, 1995.

_____. "Images of Jews and Refuggee Admissions in Brasil, 1939-1942", in *Canadian Journal of Latin American and Caribbean Studies*, 20:39-40 (1995): 82-83.

LEVINE, Robert. "Brazil's Jews During the Vargas Era and After", in *Luso-Brazilian Review*, vol. 1, jun. 1968, 45-58.

LUIZETTO, Flávio. *O Racismo na Constituinte de 1934*. Dissertação de mestrado em História Social, FFLCH-USP, 1982.

Milgram, Avraham. *Os Judeus do Vaticano: A Tentativa de Salvação de Católicos não Arianos da Alemanha ao Brasil através do Vaticano (1939-1942)*. Rio de Janeiro, Imago, 1994.

Wolff, Egon e Frieda. *Os Judeus no Brasil Imperial*. São Paulo, Centro de Estudos Judaicos/FFLCH-USP, 1975.

Wolff, Frieda. "1901 – Anti-semitismo no Pará", in Falbel, Nachman, Milgram, Avraham e Dines, Alberto (orgs.). *Em Nome da Fé: Estudos In memoriam de Elias Lipiner*. São Paulo, Perspectiva, 1999, pp. 225-230.

Sobre o "judeu errante"

Funcks, Eduard. *Die Juden in der Karikatur: Ein Beitrag zur Kulturgeschichte*. Mümchen, Albert Langen, Verlag, 1921.

Ferreira, Jerusa Pires. "O Judeu Errante – a Materialidade da Lenda", in *Revista Olhar*. São Carlos, UFSCar, Ano II, nº 3, maio 2000, pp. 24-30.

Meyer, Marlyse. *Folhetim, uma História*. São Paulo, Companhia das Letras, 1996.

Diabolização dos judeus e o mito da conspiração

Brasil, Ubiratan. "Historiador Identifica uma Indústria do Holocausto". *O Estado de S. Paulo*, 4 mar. 2001, D5.

Carneiro, Maria Luiza Tucci. "A Trajetória de um Mito no Brasil: Os Protocolos dos Sábios de Sião", in Novinsky, Anita e Kuperman, Diane (orgs.). *Ibéria Judaica: Roteiros da Memória*. São Paulo/Rio de Janeiro, Edusp/Expressão e Cultura, 1996, pp. 493-494.

Cohen, Roger. "Livro sobre Holocausto Agita Alemanha", in *O Estado de S. Paulo*, 10 fev. 2001, p. A20.

Cohn, Norman. *El mito de la conspiracion judia mundial*. Madrid, Alianza Editorial, 1969.

_____. *Histoire d'un mythe. La "Conspiration" juive et les Protocoles des Sages de Sion*, trad. Leon Poliakov. Paris, Gallimard, 1967.

Finkelstein, Norman G. *A Indústria do Holocausto*, trad. Vera Gertel. Rio de Janeiro, Record, 2001.

Girardet, Raoul. *Mitos e Mitologias Políticas*, trad. Maria Lucia Machado. São Paulo, Companhia das Letras, 1987.

Lombardi, Andréa. "Duas Leituras Inaceitáveis sobre o Holocausto", in *O Estado de S. Paulo*, 27 maio 2001, p. D11.

Mota, Atico Vilas-Boas da. *Queimação de Judas: Catarismo, Inquisição e Judeus no Folclore Brasileiro*. Rio de Janeiro, MEC, SEAC, FUNARTE; Instituto Nacional do Folcore, 1981.

NEVES, Guilherme Santos. "Os Judas", in *Folclore*. Órgão da Comissão Espiritosantemente de Folclore, Ano I, nº 3, mar.-abr., 1950.
OMEGNA, Nelson. *Diabolização dos Judeus. Martírio e Presença dos Sefardins no Brasil Colonial.* São Paulo, Record, 1969.
PEDRIALI, José Antônio. *Guerreiros da Virgem: A Vida Secreta da TFP.* São Paulo, EMW Editores, 1985.
POLIAKOV, Leon. *A Causalidade Diabólica I: Ensaio sobre as Origens das Perseguições*, trad. Alice K. Myashiro. São Paulo, Perspectiva; Associação Universitária de Cultura Judaica, 1991.
TAGUIEFF, Pierre-André. *Les Protocoles des Sages de Sion: Introduction á l'étude des Protocoles un faux et ses usages dans le siècle.* Paris, Berg International Editeurs, 1992.
TRACHTENBERG, Joshua. *El Diablo y los Judios: La concepción medieval del judio y su relación com el antisemitismo moderno.* Buenos Aires, Editorial Paidos, 1975.
SÁ, Rodrigo Patto Motta. "O Mito da Conspiração Judaico-comunista", in *Revista de História*, FFLCH-USP, Departamento de História (138), 1998, pp. 93-106.
WIAZOVSKI, Taciana. *Bolchevismo & Judaísmo: A Esquerda Judaica sob a Vigilância do DEOPS. Inventário DEOPS. Módulo VI-Comunistas*, organizado por Maria Luiza Tucci Carneiro. São Paulo, Arquivo do Estado, Imprensa Oficial, 2001.

Estudos comparados

DEUTSCH, Sandra McGee. *Las Derechas: The Extreme Right in Argentina, Brasil, and Chile, 1890-1939.* California: Stanford University Press, 1999.
SENKMAN, Leonardo, "Antisemitism and Etnicity under two Latin American Populist experiences: Vargas Era and Peronismo, 1930-1955". The Hebrew University of Jerusalém, Vidal Sassoon International Center for Study Antisemitism, 1999.
_____. "La política inmigratória del primer peronismo respecto de los refugiados de la postguerra: una perspectiva comparada com Brasil, 1945-1954", in GUREVICH, Beatriz e ESCUDÉ, Carlos (orgs.). *E Genocídio ante la Historia y la Natureza Humana.* Buenos Aires, Universidad Torcuato Di Tella, Grupo Editor Latinoamericano, 1994, pp. 263-298.
_____. "La cuestión judia en Argentina y Brasil: la contradictória lógica de inclusión/exclusión del populismo bajo Vargas y Peron", in CARNEIRO, Maria Luiza Tucci (org.). *O Anti-semitismo nas Américas, op. cit.*, pp. 2-3 (no prelo).

Marxismo e judaísmo

CLEMESHA, Arlene. *Marxismo e Judaísmo: História de uma Relação Difícil*. São Paulo, Boi Tempo Editorial; Xamã, 1998.

MARX, Karl. *La Question Juive*, trad. Bruno Bauer. Paris, Union Générale d'Éditions, 1968.

Os judeus e a ditadura militar: obras de referência

Dossiê dos Mortos e Desaparecidos Políticos a partir de 1964. São Paulo, Governo do Estado de São Paulo; Imprensa oficial, 1996.

GORENDER, Jacob. *Combate nas Trevas*. 5ª ed. São Paulo, Ática, 1998.

KUSHNIR, Beatriz. "Nem Bandidos, nem Heróis: Os Militantes Judeus de Esquerda Mortos sob Tortura no Brasil (1969-1975)", in *Perfis Cruzados: Trajetória e Militância Política no Brasil*. Rio de Janeiro, Imago, 2001.

LÖWY, Michael e SAYRE, Robert. *Romantismo e Política*. São Paulo, Paz e Terra, 1993.

MIRANDA, Nilmário e TIBÚRCIO, Carlos. *Dos Filhos deste Solo: Mortos e Desaparecidos Políticos: A Responsabilidade do Estado*. São Paulo, Fundação Perseu Abramo; Boitempo, 1999.

RIDENTI, Marcelo. "O Romantismo Revolucionário nos Anos 60", in FREYRE, Alípio Izaias Almada e GRANVILLE PONCE, J. A. de (orgs.). *Tiradentes: Um Presídio da Ditadura. Memória de Presos Políticos*. São Paulo, Scipione, 1997, 415 pp.

TELES, Janaina (org.). *Mortos e Desaparecidos Políticos: Reparação ou Impunidade?*. São Paulo, Humanitas/FFLCH, 2000.

Obras de referência

Bibliografia Histórica: 1930-1945. Organizado por Ana Lígia Medeiros e Mônica Hirst, Brasília, UnB, 1982.

Catálogo Lasar Segall, 1891-1957. Berlin, Staatliche Kunsthalle Berlin; São Paulo, Museu Lasar Segall, 1990.

Dicionário Crítico do Pensamento da Direita: Idéias, Instituições e Personagens. Organizado por Francisco C. Teixeira da Silva; Sabriana Evangelista Medeiros e Alexander M. Vianna. Rio de Janeiro, FAPERJ; Mauad, 2000.

Dicionário Histórico-Biográfico Brasileiro (1930-1983). Volumes 1-4. Rio de Janeiro, Forense Universitária; CPDOC/FGV, FINEP, 1984.

História Universal dos Judeus: da Gênese ao Fim do Século XX, dirigida por Élie Barbavi, trad. Beatriz Sidou (coord.). Belém, Cejup 1995.